O evangelho de
BARRABÁS

José Roberto Torero e
Marcus Aurelius Pimenta

O evangelho de
BARRABÁS

OBJETIVA

Afortunado leitor, abençoada leitora, há quase dois mil anos o Evangelho de Barrabás é buscado por biblicistas, bibliólogos e bibliólatras. E ele agora está em suas mãos.

Encontramos as folhas que deram origem a este livro no início do ano de 2010, quando participávamos de uma expedição às cavernas de Qumran, local onde, há mais de sessenta anos, foram encontrados os famosos manuscritos do mar Morto.

Impelidos por nossas almas curiosas, mas principalmente por nossas bexigas cheias (a cerveja israelense é ótima!), nos pusemos a explorar os estreitos corredores de uma gruta e lá encontramos uma ânfora de barro.

Por sorte, antes que testássemos nossas pontarias, reparamos que dentro da ânfora havia um rolo de papiro. Era do século I e estava em condições surpreendentes para sua idade, certamente preservado pelo ar seco da antiga Pereia e pela inacessibilidade da caverna.

Ao traduzirmos suas primeiras letras, mal pudemos acreditar que tínhamos encontrado a história daquele que vencera

Jesus Cristo. Mas, sim, era verdade. Um dos documentos mais buscados da história finalmente voltara à luz.

É possível que alguns céticos duvidem da veracidade destas páginas. A estes respondemos com uma frase de Tertuliano (155-222 d.C.): "Credo quia absurdum." Ou seja, creio porque é absurdo.

José Roberto Torero e Marcus Aurelius Pimenta,
biblioarqueólogos.

A bênção

Eram os dias em que Joazar governava o Templo, Herodes governava a Judeia, Otávio Augusto, o mundo, e Deus, tudo.

Soprava uma brisa amena e rouxinóis cantavam alegres. O cheiro dos lírios perfumava o ar e as risadas eram tantas que encobriam o murmúrio do regato de Bet-Num.

Vinda dos lados do pomar, apareceu Maria. Enfeitada com flores de jacinto e usando um vestido branco, ela caminhava em meio a uma roda de doze virgens que sacudiam pandeiros.

Logo depois, do lado oposto, onde ficava o cocho dos camelos, veio José, acompanhado por doze moços que tocavam flautas.

Os noivos se encontraram à sombra da grande romãzeira e caminharam sobre um tapete de palha de trigo. Grãos de cevada foram atirados sobre eles.

Tocou então o chofar, anunciando que o rabi Caifás iria começar a cerimônia, com o que os homens sorriram e as mulheres choraram, algumas de alegria, outras de inveja.

Mas eis que, quando os noivos deram-se as mãos, uma pomba voou sobre eles e alvejou Maria com sua sujidade.

Causou aquilo um sombrio sentimento entre os do povo, e estes passaram a sussurrar uns com os outros: "Isto é um negro vaticínio!", "Mau agouro, mau agouro!", "A ira de Javé há de se abater sobre eles!". Aqueles cochichos, que mais pareciam um zumbido de abelhas, só tiveram fim quando o rabi bradou:

"Aquietai-vos, filhos de Abraão! Vós conheceis os atalhos do deserto mas vos perdeis no caminho da verdade. Não sabeis que a pomba é uma ave abençoada? Não sabeis que foi um dos animais eleitos para os sacrifícios sagrados? Eia!, celebrai!, pois que ela, despejando sua marca sobre Maria, anuncia uma bênção do Altíssimo."

Ao ouvir aquilo, a multidão se acalmou e finalmente o rabi pôde selar a união entre os noivos.

Depois, Maria limpou sua testa, deu graças aos céus pelo presente e foi-se com José para sua nova morada.

A virgem

Mal atravessaram o batente da porta e José, afogueado por suas urgências de homem, levou Maria para a esteira.

Seus dedos tremiam como chamas enquanto ele tirava as vestes da esposa. Mas aconteceu que, quando finalmente a despiu, notou que o ventre dela estava bojudo.

Abriram-se em espanto os olhos e a boca de José, que indagou: "Acaso tens um filho na barriga?"

Depois de olhar para o próprio corpo, Maria pôs-se de joelhos, juntou as mãos em prece, olhou para o teto e disse: "Milagre, milagre!"

Ao que José, cruzando os braços, perguntou: "De quem?"

"Não percebes? Devo ter ficado prenhe quando a pomba lançou seu fértil adubo sobre mim."

Naquele instante, o espírito da ira apossou-se de José e ele estilhaçou vasos, chutou cadeiras e rasgou roupas enquanto gritava: "Mentirosa, adúltera, infiel!"

Maria, no entanto, permanecia serena. Sentada num canto, apenas passava as mãos sobre sua barriga.

Quando já não havia mais o que quebrar e José caminhava com passos decididos e punhos cerrados em direção à mulher, eis que a porta se abriu e entrou por ela o rabi Caifás, chamado pelos vizinhos por conta do barulho.

Maria, cobrindo-se, falou: "Rabi, fui abençoada! Javé pôs um filho em meu ventre. Mas meu marido é homem de pouca fé e não me crê."

Perguntou José: "Por que Deus colocaria um filho em minha esposa? Por que não o criaria do barro como fez com Adão?"

O rabi pôs as mãos nos ombros de José e disse: "Quem somos nós para conhecer os desígnios de Deus? Quem subiu às nuvens para indagar sobre seus planos? Nunca te esqueças de que o impossível dos homens é o possível para o Criador. Ele, que separa mares, queima cidades e faz o tudo do nada, pode, com um simples sopro, semear uma criança no ventre de uma mulher."

"Bah!", comentou José.

O rabi fez com que o esposo de Maria tomasse com ele uma caneca de água. Depois, vendo que seu espírito estava mais sereno, ponderou com sabedoria:

"Vê bem, amigo José, se te casaste com uma adúltera, teremos que castigá-la e também àquele que se deitou com ela, porque está escrito: 'Conduzireis um e outro às portas da cidade e os apedrejareis até que morram.'"

"Isso seria bom, pois eu teria minha honra de volta."

"É verdade. Mas perderias uma bela esposa e até o fim dos teus dias te apontariam nas ruas, dizendo: 'Lá vai aquele que foi traído antes da primeira noite.'"

"Isso seria ruim, pois não gosto de caçoadas."

"Por outro lado, se foi o Altíssimo quem pejou Maria, terás a honra de ser o guardião de um fruto celeste."

José não disse nada, apenas baixou os olhos, mirando a ponta da longa e ruiva barba de Caifás.

"Não tentes encontrar a resposta agora", continuou o rabi. "Apenas dorme ao lado da bela Maria e espera, pois o Senhor te falará em sonho, assim como falou com nossos pais. Amanhã, quando acordares, saberás se outro homem é a razão de teu ciúme ou se serás tu a razão de ciúme para os outros homens."

A visão de Jeconias

No dia seguinte, os servidores de José saíram à rua carregando cavaletes e tábuas.

Parando em frente à sinagoga de Genesaré, armaram uma longuíssima mesa, enfeitaram-na com flores e saíram a chamar o povo, dizendo: "Vinde, vinde todos! José os convida a cear!"

No entanto, alguns retrucavam: "Não é José um avarento? Como, pois, nos chama a comer?"

Insistiram os servidores, e assim foram as pessoas até a mesa e admiraram-se ao ver que José e Maria traziam cestos de nozes, romãs e tâmaras, e também tachos com peixes temperados e lentilhas cozidas.

Ao cair da tarde, quando todos estavam de estômagos e corações cheios de alegria, levantou-se José e disse:

"Amigos, na noite passada um anjo apareceu diante de mim e falou: 'José, filho de Zabade, tua mulher foi fecundada pelo Senhor. O fruto que dela nascer virá ao mundo antes dos meses naturais de gestação e será aquele que é. Reúne o povo e anuncia essa boa-nova. E mais: dá a cada homem um cordeiro e a cada mulher um anel para que nunca se esqueçam deste dia enquanto viverem.'"

Foram, então, os empregados, de conviva em conviva, e colocaram um anel no dedo de cada mulher e a cada homem entregaram um cordeiro pelo cabresto.

Continuou José: "Isto foi o que me disse o anjo em sonho, e é esta alegria que compartilho convosco. Contudo, se há alguém que não acredita nesta bênção, peço que saia daqui, levando sua descrença e deixando minha oferenda."

Ninguém se pronunciou. O silêncio era tão grande que se poderia ouvir uma cobra arrastando-se pela areia. Durou a quietude até que Jeconias, o cego, olhou para o alto e disse: "Vejo que os anjos desceram das alturas para nos abençoar." E, erguendo sua caneca de vinho, brindou: "Ave, Maria! Bendita sois entre as mulheres e bendito é o fruto do vosso ventre!"

Todos os presentes aplaudiram a sorte do casal. E depois beberam, dançaram e cantaram em homenagem àquela grande graça.

A diferença dos iguais

Passados cinco meses da visita do anjo, o imperador Otávio Augusto ordenou que se fizesse um censo nas terras da Síria, da Judeia, da Idumeia e da Samaria.

Queria ele saber quantos súditos tinha e, para este fim, determinou que cada homem fosse à sua terra de origem, dando conta de quem era e com que recursos se mantinha.

Logo as estradas se encheram de peregrinos, e José, que era nascido em Belém, teve de ir até lá.

Ora, tal cidade fica a mais de cem milhas de Genesaré, percurso um tanto dificultoso para uma mulher à beira do parto. Por isso providenciou José dois asnos: um para levar a esposa e outro para carregar provisões.

Seguindo pela estrada, encontraram famílias inteiras e grupos de amigos, casais e solitários, velhos e jovens, caravanas com camelos e gente vestindo trapos, todos indo para o lugar de seu nascimento.

Quando estavam ao pé do monte Tabor, desceu a escuridão sobre eles e José, avistando ao longe uma hospedaria, disse: "Passemos a noite naquele caravançará."

Entrando os dois por ali, viram um homem e sua mulher, que também estava prenhe.

Os quatro fizeram uma fogueira e dividiram seus alimentos.

José perguntou ao homem como se chamava, e ele respondeu: "José."

E Maria perguntou à mulher qual era seu nome, e ela respondeu: "Maria."

Riram-se os quatro dessas coincidências.

Depois perguntaram-se de onde eram, e um casal respondeu que era de Nazaré e o outro, de Genesaré.

Riram-se os quatro dessa quase coincidência.

Por fim, um José, o de Genesaré, contou que seu filho fora semeado em Maria por um espírito. E o outro José, de Nazaré, disse que também o filho de sua Maria fora assim concebido.

Desta vez ninguém riu. Os quatro apenas olharam-se por um tempo, deram-se boas-noites e foram dormir.

Na manhã seguinte, os casais prosseguiram em viagem rumo a Belém. Mas tomaram caminhos diferentes.

O filho do pai

Ao entardecer do décimo dia do mês de Nisan, o casal de Genesaré chegou ao seu destino e José começou a procurar uma estalagem. Aconteceu, porém, que os preços estavam altos e por isso ele disse à sua mulher:

"Fiquemos numa estrebaria."

Mal se acomodaram sobre um monte de feno e Maria começou a sentir as dores da parturição.

Ela gemeu, rangeu os dentes, contorceu-se, espumou, berrou, praguejou e cravou as unhas com tanta força no braço de José que até o fim de seus dias aquelas marcas ficaram-lhe impressas na pele.

Quando era por volta da hora sexta, deu ela à luz um menino forte e de cabelos vermelhos.

Naquele momento latiram os cães, miaram os gatos, mugiram as vacas, grasnaram os gansos, baliram as ovelhas, blateraram os camelos e zurraram os burros, formando uma música que, se não era um coro de anjos, ao menos mostrava que a criação rendia louvores ao recém-nascido.

Cortou José o cordão umbilical com seus dentes, ergueu a criança por sobre a cabeça e anunciou: "Barrabás será o teu nome, porque és filho de teu pai."*

---

* Barrabás, em aramaico, significa "o filho do pai".

Neve, trigo e pez

Depois de lavar o menino e limpá-lo de todas as gosmas com que se vem ao mundo, José arrumou com cuidado um punhado de palha numa manjedoura e lá o deitou.

Foi quando entraram pela estrebaria três mulheres: uma branca como a neve, outra parda como o trigo e a última negra como o pez.

"Ouvimos um choro de criança", disse a primeira.

"Viemos saber se precisavam de algo", falou a segunda.

"E trouxemos quatro presentes", avisou a terceira.

Em seguida, a que era da cor da neve pôs um chocalho na manjedoura e falou: "Que ele faça barulho e alarde, pois o silêncio é irmão do nada."

A que era da cor do trigo deu-lhe um pião e sussurrou: "Que ele rode pelas estradas e gire pelo mundo, pois parados ficaremos após a morte."

E a que era da cor do pez colocou um estilingue no cocho, dizendo: "Que ele lute grandes batalhas até a inevitável derrota."

José agradeceu os mimos, mas Maria lembrou-se do que as mulheres haviam dito e perguntou: "Não eram quatro os presentes?"

"O último é um aviso", disse a mulher branca.

"Alguns dias atrás, uns magos do Oriente foram até Herodes e revelaram que nesta cidade nasceria o novo rei dos judeus", continuou a mulher parda.

"E Herodes tem tanto medo desta criança que ordenou que todos os meninos com menos de dois anos fossem mortos", concluiu a mulher negra.

O boneco de barro

Alguns minutos depois, José e Maria estavam prontos para partir. Porém, quando ela ia montar em seu jumento, ouviram um barulho vindo da rua e perceberam que dois soldados romanos avançavam em direção à estrebaria.

"Vêm para matar o menino!", exclamou Maria.

"Vamos escondê-lo no meio daquele monte de feno", disse José.

"Mas a forragem não poderá fazê-lo espirrar?", ponderou a mãe de Barrabás.

Num minuto chegaram os guardas e perguntaram: "Há aqui alguma criança com menos de dois anos?"

Maria, de cabeça baixa, respondeu: "Não, senhor."

Porém os soldados viram umas manchas no chão e disseram: "Isto parece sangue de mulher que pariu há pouco. Não terias tu dado à luz uma criança nesta estrebaria?"

Erguendo os olhos, Maria protestou: "Achas que meu marido seria tão avarento que me deixaria partejar num lugar como este? É claro que estas manchas devem ser de alguma porca que deu cria ontem."

Naquele mesmo instante, algo se moveu sob o feno.

Um dos soldados foi até o monte e, usando de sua lança, espetou-o uma, duas e três vezes. Na última, escutou ele um gemido e a ponta de sua lança saiu avermelhada.

Os romanos puseram-se a vasculhar o feno e logo descobriram que aquele sangue era de um pequeno leitão. Olhando para o animal que agonizava, o soldado falou ao seu companheiro: "É só um porco. Vamos embora."

Porém, o outro indagou: "Se há um leitão aqui, não haveria uma criança no chiqueiro?"

O primeiro respondeu: "Nem os judeus colocariam seu filho entre animais tão sujos." E, saindo dali, foram em busca de outras crianças para matar.

Mal os soldados atravessaram a porta da estrebaria, José abraçou sua esposa: "Ainda bem que és mais esperta do que eu e não colocaste o menino sob o feno."

Depois foram até o cocho e tiraram Barrabás do meio da comida dos porcos. E estava ele tão completamente coberto por aquela imundícia que mais parecia um boneco de barro.

O Pequeno Altíssimo

Dos primeiros anos de Barrabás não há muito o que contar. Ele mamou, chorou, riu, dormiu, emporcalhou-se, brincou e cresceu.

Maria era a mais amorosa das mães. Fazia carícias em seus pés ao acordá-lo, preparava-lhe uma saborosa ração de aveia e figos, e gastava as demais horas do dia em costurar suas túnicas ou remendar-lhe as sandálias.

Quanto a José, nunca mais pensou em questões de paternidade e tinha o menino como carne de sua carne, sangue de seu sangue, osso de seu osso. Levava-o para brincar nos campos e ensinava-o a trabalhar com o martelo, a verruma, o formão, a talhadeira e todas as demais ferramentas que utilizava em seu ofício.

Barrabás não mostrou grandes pendores para a carpintaria, mas conseguia ao menos fabricar caixotes, nos quais colocava rodas e atrelava seu cão, Golias. E assim, como se estivesse numa corrida de bigas, andava pelas ruas de Genesaré.

Tendo completado sete anos, o menino começou a frequentar as aulas de Caifás. O rabi ensinava-lhe as letras com mais paciência que aos outros e sempre o chamava em primeiro lugar para responder às questões sobre a lei de Moisés.

Por conta disso, as outras crianças tinham-lhe certa inveja, e assim, um dia, um dos meninos perguntou:

"Rabi, por que gostais mais de Barrabás? Por que ele é ruivo como vós?"

Caifás explicou: "É que na verdade ele não é filho de seu pai." E contou a história da pomba e de seu santo excremento.

Porém, as crianças, em vez de respeitarem Barrabás por ser filho de quem era, passaram a zombar dele toda vez que o viam. Atiravam-lhe pelotas de barro dizendo ser o sagrado estrume da pomba, e inventaram-lhe mil apelidos, como "Caçulinha do Senhor", "Filho da Pomba" e "Pequeno Altíssimo".

Barrabás respondia a essas provocações com socos e pontapés, de modo que não havia dia em que não chegasse em casa com um olho roxo ou a roupa rasgada.

Por conta disso, o menino tomou ódio de seus colegas e das aulas de religião. Parou de ir à sinagoga e pôs-se a fazer tantas estrepolias que, se não tivesse sido anunciado como filho do Senhor, bem se poderia pensar que era cria de um espírito do mal. Eis algumas:

* certa vez trocou o incenso da sinagoga por esterco de bode, infestando-a com um miasma pestilento;

* outra vez colocou fermento nos pães ázimos da Páscoa, que cresceram até transbordar do forno;

* doutra feita esfregou pimenta no bico do chofar, de modo que, quando foi assoprá-lo para chamar os fiéis, Caifás ficou com a boca em chamas;

* e houve o dia em que pegou os rolos da Torá, envolveu-se neles e correu pelas ruas de Genesaré gritando: "Sou uma múmia, sou uma múmia!"

Veni, bibi, mixi

Barrabás levou um bom par de tapas por conta dessa última arte, e ainda estava com as nádegas vermelhas quando chegou o dia da festa da Lua Nova, marcando o início do mês de Av.

Uma brisa morna fazia tremer a chama das tochas que iluminavam a rua do poço. Numa grande fogueira assavam um quarto de vaca e espargiam temperos sobre ele, impregnando o ar de deliciosos odores. Para as crianças havia grilos fritos com mel e queijo de cabra recheado com figos.

Ao redor do poço armaram-se duas tendas: uma para as mulheres, outra para os homens. Na segunda falava-se mal dos impostos e disputava-se um torneio de queda de braço. Na primeira falava-se mal das moças da cidade vizinha e trocavam-se receitas afrodisíacas.

José e Maria dançavam, enquanto Barrabás corria por todos os lados, puxando o cabelo das meninas e dando piparotes nas orelhas dos meninos.

Tudo era divertimento e alegria, até que apareceram por ali dois soldados romanos.

Já um tanto embriagados, eles subiram nas bordas do poço e esperaram até que todos fizessem silêncio.

"Não nos convidaram para esta festa", disse um.

"Será uma homenagem para aquele deus deles?", falou o outro.

"Pobrezinhos, têm um só."

"É verdade, eles não veneram Afrodite, a deusa da beleza."

"Por isso são tão feios."

"Nem rezam para Marte, o deus da guerra."

"Por isso foram derrotados por nós."

"Viva Roma!"

"Viva!"

"Por Baco, ninguém deu vivas conosco."

"Estes judeus são muito tímidos. Vamos dar-lhes um pouco de vinho."

"Mas já bebemos tudo."

"Que nada! Ainda tenho um bocado em minha bexiga."

"E eu na minha."

Em seguida os romanos tiraram seus canos para fora e urinaram no poço. Era tão grande o silêncio que se podia ouvir de longe o murmúrio do líquido chocando-se contra a água.

Depois, os soldados balançaram seus membros incircuncisos, deram as costas para o povo e saíram abraçados a cantar pela rua uma música que dizia assim: "Veni, vidi, vici; veni, bibi, mixi."*

---

* "Vim, vi e venci; vim, bebi e mijei."

Os espantalhos

A ofensa faz com o ofendido o mesmo que o vento faz com o fogo. Algumas vezes ele é tão forte que o vence, abate e apaga, não deixando mais que cinzas. Mas outras vezes serve para atiçá-lo, e as labaredas se alastram pela floresta.

Foi este segundo vento que soprou em Genesaré quando o rabi Caifás subiu no poço e bradou:

"Filhos de Israel, eu vos pergunto: somos homens ou cordeiros? E eu vos respondo: homens é o que somos! Não podemos deixar esta infâmia sem resposta. Os romanos afrontam nossos costumes, riem da nossa fé, urinam em nossa água. Chega de mansidão! Eia, vamos provar a estes adoradores de Júpiter que Javé é o deus único e verdadeiro. Vamos mostrar a eles o quanto podem os homens inflamados pela chama divina!"

A multidão rugiu em alvoroço e partiu atrás dos soldados. Até mulheres e crianças foram com a turba.

Quando os dois romanos viram o povo correndo em sua direção, até tentaram fugir, mas, por conta do vinho, seus passos eram lentos e tortuosos, de modo que logo foram alcançados.

Então os de Genesaré os cobriram de pisões, socos, ponta-pés e pauladas.

Não satisfeitos, atiraram-lhes muitos ovos e depois os co-briram com farinha de trigo, grãos de mostarda e folhas de fi-gueira, com o que ficaram tal qual um par de espantalhos.

Por fim, lançando-lhes pedras e maldições, os expulsa-ram da cidade e voltaram para sua festa, que ficou ainda mais alegre.

A invasão das formigas

Algumas horas depois, o menino Barrabás acordou ouvindo um leve rumor, algo como milhares de formigas a caminhar com suas minúsculas patas. Aos poucos o barulho foi ficando mais alto e grave, como se as formigas tivessem crescido, tornando-se do tamanho de cavalos. E a casa começou a tremer.

Maria olhou pela janela e avisou: "Uma legião está vindo para cá!"

José foi até perto dela e mal acreditou no que viu. Tantas eram as lanças erguidas que pareciam uma floresta de árvores magras e desfolhadas marchando rumo a Genesaré. Contudo, ainda mais assustador era o estandarte com a águia romana, que voava lentamente em sua direção.

Logo começou uma gritaria pela cidade, e Maria e José puseram-se a correr de um lado para outro, trancando a casa.

Quando já estava tudo fechado, ela disse: "Tenho certeza que Javé mandará fogo dos céus para consumir nossos inimigos."

"Ou fará as águas do lago de Genesaré afogá-los com ondas gigantescas", ele emendou.

"Também pode enviar furacões para levantá-los pelos ares", falou Maria.

"Ou abrir a terra para os engolir", concluiu José.

Os dois apertaram-se num longo abraço e ficaram à espera de ouvir trovões, terremotos, maremotos ou furacões. Mas escutaram apenas a marcha dos soldados.

Apertando as mãos de seu esposo, Maria falou: "E se, por via das dúvidas, escondêssemos nosso filho?"

Eis que José foi até um canto da casa e puxou uma esteira que havia ali, revelando um buraco onde ele protegia suas moedas dos cobradores de impostos, sacerdotes e ladrões. Lá puseram Barrabás e lhe disseram: "Fica aqui dentro. Não saias por nada."

Depois de o colocarem ali, tornaram a cobrir o buraco com a esteira.

No interior daquela cova, tudo eram trevas. Barrabás não podia ver nada. Mas podia ouvir.

Ouviu os passos dos romanos se aproximando.

Ouviu o toque de uma trompa e a marcha transformando-se em correria.

Ouviu cascos de cavalo perseguindo e sandálias de gente fugindo.

Ouviu crianças gritando, mulheres rezando, homens chorando.

Ouviu maldições e súplicas.

Ouviu o crepitar do fogo, berros de dor e uivos de desespero.

Ouviu José dizer: "Nunca me arrependi de tomar-te por esposa", e ouviu Maria falar: "Não escolheria outro homem para ser meu marido."

Ouviu ordens vindas do lado de fora e ouviu xingamentos como resposta.

Ouviu a porta sendo arrombada, o estrondo de coisas sendo quebradas, o ruído seco de golpes e o som macio de lâminas entrando na carne.

E a tudo isso ouviu com pavor e ódio, sentindo ao mesmo tempo vontade de fugir dali e um medo que lhe paralisava as pernas.

Depois, pouco a pouco, os sons foram desaparecendo. Sumiram os gritos, o tropel dos cavalos, o ruído dos passos. Só o que se ouvia ao longe era o chiado de pás cavando a terra e um eco abafado de marteladas.

Por muito tempo Barrabás ficou dentro daquele buraco úmido. Pelo piado das corujas, entendeu que as trevas da noite já tinham caído sobre a cidade, deixando o mundo de fora tão negro quanto o de dentro.

Ele dormia e acordava, sentia fome e a esquecia, pensava em sua família, em sua cidade, em seus amigos e em nada. E às vezes chorava, mas em silêncio para que não o descobrissem.

O menino já pensava que ficaria ali para sempre, como que enterrado vivo.

Foi quando começaram a puxar a esteira que estava sobre ele.

O dedão

Um suor gelado escorreu pelo seu pescoço. Ele torcia para que não o descobrissem, mas a esteira continuava a ser puxada e, por fim, arrancaram-na dali.

O menino virou o rosto para cima, esperando ver uma espada manchada de sangue. Em vez disso, deparou-se com a língua vermelha de Golias, seu cão. Os dois olharam-se longamente. Era como houvessem se transformado em estátuas de sal, feito a mulher de Ló. Então o cachorro lambeu-lhe a cara e Barrabás levantou-se.

O dia já estava nascendo. Ele andou pelo interior de sua casa e viu vasos quebrados, cadeiras reviradas e borrões de sangue pelo chão.

Saindo à rua, viu ainda as casas queimadas, o poço demolido e a sinagoga em ruínas. Mas não viu ninguém.

Barrabás perambulou com Golias pela cidade vazia por algum tempo, até que notou algo estranho nas margens da estrada para Séforis. Andando naquela direção, percebeu que eram cruzes. E, quando se aproximou ainda mais, viu que a gente de Genesaré estava pregada nelas.

Eram duas fileiras imensas. Barrabás seguiu entre elas, pisando em suas sombras, esperando não encontrar o que procurava. Porém, quando chegou às últimas cruzes, lá estavam Maria e José.

Ele não conseguiu fazer nada. Não chorou, não gritou, não deu socos no peito, não arrancou os cabelos nem abraçou as cruzes. Apenas ficou ali parado, como se também estivesse morto.

O que o fez sair daquele estado foi Golias. Não porque o cão o tivesse empurrado com o focinho, como que dizendo "segue teu caminho e não olhe para trás", mas porque começou a cheirar os pés de Maria, depois lambeu-os e finalmente arrancou-lhe um dedão.

Não querendo ver como aquilo continuaria, o menino saiu da estrada, andando em direção ao poente. E, quando deu por si, estava no deserto.

Quarenta dias

Quarenta dias passou Barrabás entre dunas e pedras, não encontrando pessoa ou rio, abrigo ou refúgio.

Começava a caminhar de madrugada e seguia andando por horas até encontrar um rochedo que lhe fizesse sombra.

Sua pele estava curtida como o couro pendurado nos varais dos curtumes. Seus pés tinham bolhas, sua boca vivia ressecada e só não morreu de sede porque de vez em quando encontrava água lamacenta em alguma lagoa morta.

Vinda a noite, deitava-se num lugar qualquer e ficava a olhar o céu, que nunca lhe pareceu tão negro e colossal.

Comia apenas uma ou outra raiz, uma ou outra fruta, um ou outro resto de animal. Quando topava com alguma planta, mastigava-lhe as folhas e sugava-lhe a seiva, sem saber se era benigna ou não.

Porém, a partir de um certo ponto, a vegetação que era pouca tornou-se nenhuma e, para onde quer que olhasse, só enxergava a brancura do areal. Começou, então, a ser iludido por visões. Às vezes uma sombra de nuvem no chão lhe parecia um cachorro, brilhos do sol nas dunas se assemelhavam a rios, confundia secas ramagens com gente. E um dia viu Deus.

Ele lhe falou assim:

"Eu sou aquele que tirou os pais dos teus pais da terra do Egito. Vi tua fome e, como sou benevolente com o meu povo, farei com que aquelas pedras se transformem em pães."

O menino correu na direção das pedras, apanhou uma do chão e a mordeu, mas quase perdeu um dente, posto que a pedra continuava sendo pedra.

A voz continuou:

"Não te inquietes. Sou compassivo com os que me seguem e por isso digo que vá até aquela torre ao longe, onde encontrarás jarras de ouro com água fresca."

Barrabás foi na direção da torre com o que lhe restava das forças, mas, chegando lá, viu que era apenas a ruína de um poço.

E a voz prosseguiu:

"Não te desesperes. Farei com que os ventos te levem a um lugar de repouso e mansidão."

E aconteceu que um punhado de areia se ergueu do chão, girando como se estivesse a bailar em roda. O redemoinho logo se tornou em violenta ventania, fazendo com que a poeira entrasse pelos sete buracos da cabeça de Barrabás.

O vento o empurrava para a frente e para trás, para um lado e para o outro, de modo que logo estava mais perdido que Moisés à procura da Terra Prometida.

Depois de vagar por horas, sendo chicoteado pelos grãos de areia como se fosse um escravo nabateu, o menino avistou uma montanha e, entre suas rochas, uma caverna.

Arrastou-se até lá e, quando se viu a salvo, dormiu tão rapidamente que mais certo seria dizer que desmaiou.

O aleph

Na manhã seguinte, ainda imerso nas trevas do sono, Barrabás sentiu um suave toque em seu pé.

Ele se lembrou de como sua mãe o acordava fazendo cócegas e sorriu. Mas, quando abriu os olhos, percebeu que aquela leve carícia não vinha de dedos maternos, e sim das patas de um escorpião de corpo amarelo e cauda preta que deslizava sobre ele.

Tremendo como um ramo de trigo, cerrou as vistas e ficou à espera da picada fatal.

Porém, em vez de seu próprio grito de dor, escutou o baque de uma pedrada.

Abrindo devagar os olhos e girando à sua direita, percebeu o animal esmigalhado. Depois, olhando à esquerda, viu a pessoa que lhe tinha salvado a vida.

Era uma menina. Da cor do fogo eram suas roupas e, nas canelas, usava uns trançados de fibra de palmeira. Tinha uma pequena pinta no canto direito da boca e os cabelos caíam-lhe em caracóis até o meado das costas. Seus dentes eram brancos como a neve, e seus olhos, verdes como esmeraldas.

"Tu és bobo? Por que não mataste o escorpião? Eles são feios. Ainda bem que acertei a pedrada, não é? Sou boa em pedradas. Que engraçado, tu estás todo cheio de areia! Não gostas de tomar banho? Eu também não. E odeio escorpiões. Às vezes preparo armadilhas para eles. Primeiro pego uma barata morta e a deixo em cima de uma pedra. Quando o escorpião chega, eu o prendo pelo rabo com dois gravetos e o levo para o fogo. Como é teu nome? O meu é Maria Magdalena."

O menino estava atordoado, sem saber ao certo se o que via era sonho ou realidade. Tantos eram os sentimentos que se agitavam em seu peito, que ele demorou a dizer: "Meu nome é Barrabás."

"Barrabás, Barrabás... Nome bonito. Uma vez tive um vizinho que se chamava Barjesus. Ou era Bartimeu? Não sei. Ele era ferreiro. Não, não, era ferrador de cavalos. Isso foi quando eu ainda morava em Magdala. Eu vivia lá com a minha mãe. Mas agora moro nesta caverna."

"Sozinha?"

"Não, com eles", disse a menina, indicando com um movimento de cabeça que Barrabás deveria olhar às suas costas.

Virando-se para trás, ele viu doze homens. O que parecia ser o líder do grupo se dirigiu até a pequena, ajoelhou-se para ficar à sua altura e perguntou: "Ele te fez algum mal?"

"Não, senhor."

"Juras?"

"Pelo cadeado da arca sagrada."

O homem andou até o menino, olhou-o de cima a baixo e perguntou: "Onde estão teus pais?"

Barrabás murmurou: "Nas cruzes."

"És de Genesaré?"

"Sim."

"Mais alguém escapou ao massacre?"

"Só um cachorro."

O homem franziu o rosto e falou: "Sinto muito, mas descobriste nosso esconderijo e por isso teremos que te matar. Preferes que seja à faca ou com um porrete?"

Barrabás baixou a cabeça sem nada responder. Era a segunda vez que ele encarava a face da morte naquela manhã.

Tudo parecia perdido até que Maria Magdalena disse: "Ele não pode ficar conosco?"

"Para quê?", perguntou-lhe o homem.

"Para brincar comigo", respondeu a menina. "Desde que mamãe morreu e me trouxeste para cá, nunca mais tive um amigo. Lá em Magdala eu brincava todos os dias com Tamar, Zilpa e Mical. Nós fazíamos a roda e ficávamos a girar. Mical ficava tonta e caía. Era engraçado. Seria bom ter um amigo. Já estou cansada de brincar sozinha."

Enquanto a menina falava, seu pai remexia, pensativo, nos restos do escorpião.

Continuou a coisa assim por um tempo até que ele a mandou se calar e, estendendo a mão, disse: "Jair, dá-me a faca."

Então um dos seus seguidores, que era negro como a noite, entregou-lhe uma adaga.

"Jorão e Jotão, segurem o garoto", ordenou.

Logo, dois de seus homens, ambos calvos como ovos, agarraram o menino pelos braços e o levaram até perto do chefe, que, num único golpe, rasgou-lhe a túnica.

Ao ver aquilo, Maria Magdalena cobriu os olhos com as mãos.

A lâmina veio lentamente na direção do peito de Barrabás e tocou-lhe a pele com sua ponta fria. Mas aconteceu que, em vez de afundá-la no coração do menino, o homem desenhou com ela um aleph.*

---

* Primeira letra do alfabeto hebraico.

"Todos os que me seguem têm a minha marca", explicou o pai da menina. Para comprovar as palavras de seu líder, os onze homens mostraram partes de seus corpos: torsos, braços e pernas, cada qual com uma cicatriz em forma de aleph.

"Tua sorte é que não sei escrever meu nome inteiro", riu-se o homem, que se chamava Atronges.

A gloriosa história de Atronges

Conhecido como o Leão da Galileia, o pai de Maria Magdalena possuía um pequeno olival. Quando os romanos resolveram cobrar um imposto sobre as azeitonas, ele prendeu os cobradores e os cozinhou em azeite fervente.

A Revolta das Azeitonas causou tamanha empolgação entre os do povo, que eles puseram um diadema na cabeça de Atronges e o nomearam rei de Israel.

Seu governo durou seis dias. No sétimo, as tropas de Valerius Gratus invadiram a cidade e mataram muitos dos revoltosos, inclusive a mulher de Atronges.

Ele conseguiu fugir com sua filha e escondeu-se nas montanhas.

Aos poucos, outros renegados foram se juntando a ele, e seu grupo passou a fazer pequenos ataques contra guardas romanos e caravanas de mercadores, distribuindo os despojos entre os miseráveis da região, inclusive eles mesmos.*

---

* Um Atronges, mistura de salteador e messias, é citado por Flavio Josefo em seu *História dos Hebreus*.

Os onze que eram dez e os dois que eram um

Assim como os tigres da Babilônia aceitam um gato em seu grupo e o tratam como igual, Atronges e os onze foram se agradando de Barrabás e terminaram por tomá-lo como um dos seus.

O menino também se afeiçoou a eles, pondo-os em lugar da família que perdera. Para ele, Atronges era como um pai; Og, Jair, Zibeão, Lamaque, Malalael, Ananias, Jeoiaquim, Gômer, Jorão, Jotão e Galal de Crocodileia eram como que irmãos mais velhos, e Maria Magdalena, uma irmã. Ou melhor, uma prima.

Ele a seguia em todas as brincadeiras. Quando se faziam de Adão e Eva, ela lhe dava frutas amargas para comer, dizendo que eram da árvore do bem e do mal, e ele jamais as rejeitava. Quando se faziam de Sansão e Dalila, ela lhe aparava os cabelos com uma faca e certa vez animou-se tanto que tosou por completo sua ruiva cabeleira.

Passavam as horas a correr, a pular entre os penedos e a subir em árvores ressequidas. Brincando com lamparinas de azeite, faziam sombras de animais nas paredes da caverna. E, nos dias de chuva, como dois porquinhos, ficavam a lambuzar-se no barro.

Não se apartavam nem mesmo na hora do sono, pois dormiam agarrados num tapete que Atronges roubara de uma caravana de núbios.

Todas essas coisas, é claro, transcorreram na era da inocência, quando homem e mulher ainda não têm apetites para o banquete da carne.

As regras dos homens

Mas eis que, certo dia, na entrada da primavera, Barrabás estava dando comida a uns filhotes de pardal quando Maria Magdalena apareceu. Descendo da árvore, ele sorriu e disse:

"Vamos brincar?"

E ela respondeu: "Eu bem que gostaria, porque brincar contigo me deixa feliz. Antes da tua chegada, aqui só havia conversas idiotas de homens: 'matei dez romanos', 'derrubei um boi pelo chifre' e 'meu jato de mijo vai mais longe que o teu'. Depois, tudo melhorou. Ainda bem que não deixei aquele escorpião te picar. Mas o que perguntaste? Ah, sim, eu adoraria sair pelas rochas a correr contigo. Infelizmente não posso."

"Por quê?"

"Porque isso é coisa de menina, e tornei-me mulher."

"Desde quando?"

"Desde hoje de manhã."

"Pareces a mesma para mim."

"Mas não sou."

"Onde está a diferença?"

"Entre minhas pernas."

"Posso ver?"

"É claro que não."

"O que mudou aí?"

"Vieram-me as regras."

"Que regras?"

"Não sabes o que são regras? Pelo buço de Sara, como alguém pode não saber o que são regras? Bem, eu também não sabia até agora há pouco. Se ainda estivesse morando em Magdala, talvez soubesse. Minha mãe poderia ter me explicado. Ou então a esposa de Icabode. Como se chamava? Não me lembro. Tenho certeza que ela teria me dito que regras são uma coisa avermelhada e visguenta que sai pela cavidade da mulher de tempo em tempo."

"Poderias repetir?"

"Lembrei! Era Zilá!"

"Como?"

"O nome da mulher de Icabode."

"Ainda não entendo por que não podemos brincar."

"Porque minha barriga ficaria imensa."

"Quem te disse isso?"

"Meu pai. Pelo menos foi o que entendi, porque ele estava gaguejando muito."

"Se agora és mulher, quero ser homem. Que devo fazer para que me venham as regras?"

"Seu tolo! As regras dos homens são outras."

"Quais?"

"Guerrear, saquear e matar."

O riso do Leão

Naquele mesmo dia, Barrabás foi procurar por Atronges e, quando o encontrou, disse:

"Quero guerrear, saquear e matar."

Riu-se largamente o Leão da Galileia ao ouvir aquilo. O ar chegou a lhe faltar no peito e lágrimas lhe escorreram pelos olhos.

"Meu garoto, como poderás ser um de meus homens se não sabes manejar a faca, a clava, a sica, a lança, a espada, o porretão, o arco e a flecha?"

"Não sei usar armas, mas posso usar minha cabeça", respondeu Barrabás dando uma cabeçada no tronco da árvore que estava ao seu lado.

Limpando-lhe o sangue da testa, Atronges ponderou:

"Se queres mesmo ser um de meus soldados, terás que passar por um teste."

"Qual?"

"Entrar numa caverna de chacais e expulsá-los de lá."

"Não me parece tão difícil."

"Sem armas."

Barrabás engoliu em seco e disse: "Que assim seja."

O ungido

No dia seguinte, todos estavam em frente ao monte Hab Maron, onde se abrigavam várias alcateias. Montaram ali um pequeno acampamento e esperaram até o começo da tarde, que é a hora em que os chacais voltam aos seus covis.

Olhando de longe, perceberam que alguns desses animais entravam numa fenda na rocha. Quando o sétimo chacal se pôs para dentro, Atronges olhou para o menino e disse: "Vai."

Um por um, todos se despediram de Barrabás como se ele caminhasse para a morte. Murmuraram palavras de pesar e de saudade, rogaram que desistisse daquela ideia e voltasse com eles. Mas nenhum apelo o fez recuar.

Maria Magdalena, de mãos postas, rezava.

"Lembra-te", disse Atronges, "se fugires da caverna estarás coberto de vergonha e não poderás voltar ao grupo. E, como sabes onde nos escondemos, se não te matarem as feras, te mataremos nós".

Barrabás respirou fundo e, sem nem uma pequena lâmina com que se defender, começou a subir a colina. Enquanto se afastava, sumindo atrás de uma rocha e voltando a aparecer mais à frente, cada vez mais longe e menor, Atronges e os seus comentavam:

"É um garoto corajoso."

"Os corajosos morrem cedo."

"Seu coração é valente."

"Seus braços são finos."

"Terá alguma chance?"

"..."

"Os chacais vão destroçá-lo."

"E rasgarão suas roupas."

"E arrancarão seus dedos."

"E comerão seus olhos."

"E abrirão suas tripas."

"E roerão seus ossos."

Quando Barrabás finalmente entrou na caverna, tão pequeno que mal se podia vê-lo, Maria Magdalena deu um longo suspiro.

Eternos foram os instantes que se seguiram. Todos esperavam ouvir ao longe gritos e rosnados, sons de luta e, por fim, silêncio de morte. Pensavam que a qualquer hora surgiriam as alimárias com pedaços do menino entre os dentes. Mas não foi isso o que se deu.

O que se deu foi que, depois de um tempo, sete chacais saíram correndo da gruta.

Em seguida, de braços levantados em vitória, surgiu Barrabás.

Os onze exclamaram palavras indecentes de contentamento, Atronges ficou mudo de espanto e Maria Magdalena prostrou-se de joelhos, agradecendo aos céus pelo milagre.

O jovem pôs-se a descer a colina e, enquanto ia se aproximando, notava-se que algo nele estava diferente, como se tivesse a pele tão escura quanto a do povo da Negreia.

Quando chegou a uma distância de dez passos, os amigos tamparam os narizes, tal era o fedor que dele emanava.

"Que aconteceu?", perguntou Atronges.

Barrabás explicou: "No caminho me deparei com as bostas de um urso. Então, sabendo que os chacais têm medo deles, besuntei-me todo e entrei na caverna. Quando sentiram meu cheiro, os animais fugiram apavorados."

Os onze e Maria Magdalena puseram-se a rir e a bater palmas. Atronges, porém, permaneceu sério: "Não lutaste? Não sei se isso é passar no teste."

"O teste era expulsar os chacais sem armas, e fezes não são facas", defendeu-se Barrabás.

O Leão da Galileia pensou um pouco e deu-lhe razão: "Estás certo. A partir de hoje, és um dos meus homens."

Então, do mesmo modo que Abraão fazia com seus escravos, os treze varões ficaram em círculo, puseram a mão nos testículos daquele que estava à sua direita e juraram morrer uns pelos outros.

A Barrabás coube segurar os imensos bagos de Og.

A fabulosa história de Og

Og, o gigante, podia partir um homem ao meio, mas chorava ao ver um passarinho doente ou uma cabra dando leite aos filhotes.

Foi algumas vezes à sinagoga, porém tinha dificuldade em aprender a Lei. Pensava que o mar Vermelho tinha essa cor e, depois de escutar a história da criação de Eva, teve que ser contido para não arrancar as próprias costelas e fazer um harém.

Tornou-se fugitivo no dia em que brincava com um menino: ele fazendo o papel de Golias e seu amigo, o de Davi. Ao ver um homem tão grande brincando com uma criança, dois soldados que passavam por ali o chamaram de palerma e paspalhão. Foram suas últimas palavras.

Cobras, panteras e sapos

Certo dia, o grupo de Atronges ceava num prado, tendo a grama por tapete, as estrelas por teto e o mundo por janela. Ao mesmo tempo que mastigava uma rabadilha de corça, o Leão da Galileia apontou para Barrabás dizendo: "Amanhã tomarás parte em teu primeiro ataque."

O rapaz ficou cheio de si e quase estourou de contentamento ao receber, das mãos de seu líder, um porrete com pregos.

O bando ia atacar uma caravana de romanos que levava sedas, perfumes e joias para as amantes de Públio Quirino, o governador da Síria.

Atronges ficou em pé e pôs-se a explicar o plano que elaborara durante semanas: "Esperaremos atrás de uma duna até que apareçam. Aí correremos até eles e os mataremos a pauladas."

Imediatamente onze pares de mãos puseram-se a aplaudi-lo. Apenas as de Barrabás permaneceram em silêncio, já que ele erguia o indicador direito pedindo a palavra:

"Dize lá", disse Atronges.

"Senhor, não sei se é uma boa ideia correr de tão longe em direção aos inimigos. Além de ficarmos cansados, daremos tempo para que preparem a defesa. Seria melhor se nos escondêssemos e pulássemos sobre eles apenas quando já estivessem bem perto de nós."

"E onde vamos nos esconder no deserto, meu garoto? Atrás de um grão de areia?"

"De um, não. De vários, senhor."

Ficaram todos intrigados com aquela resposta. Barrabás, vendo que duas dúzias de orelhas esperavam suas palavras, explicou: "Podemos ficar deitados sob mantas de estopa e cobri-las com areia, de modo que pareceremos pequenas dunas. Quando os legionários chegarem perto de nós, saltaremos sobre eles e os venceremos com mais facilidade."

Sem saber o que responder, Atronges saiu dali dizendo que ia pensar.

Subiu ele até umas rochas para estudar aquela ideia. Estava ocupado com isso quando ouviu às suas costas uma voz: "É um bom plano."

Virando a cabeça, deparou-se com Maria Magdalena.

"Achas mesmo que devemos atacar dessa maneira? Disfarce não é coisa de covardes?"

"Claro que não, meu pai. As feras também se disfarçam. Os tigres se confundem com o bambuzal, as panteras atacam em meio ao negrume da noite e os sapos se escondem atrás das folhas para pegar os mosquitos."

"O sapo não é lá uma fera muito perigosa, mas tens razão", resignou-se Atronges. Depois, voltou para o meio do grupo e falou:

"Seguiremos o plano de Barrabás."

Homens de areia

Era alta noite. O mais jovem dos guerreiros de Atronges dormia pesadamente quando sentiu que o tocavam na altura do ombro.

Ainda com o pensamento lerdo e os olhos remelosos, não conseguiu reconhecer de imediato quem o cutucara. Só após um tempo é que se formou diante dele a imagem de Maria Magdalena. Seus cabelos refletiam o prateado da lua e seus olhos brilhavam como tochas verdes na escuridão. Por causa da posição envergada, os seios saltavam para a frente, como que querendo se atirar da borda do vestido em direção ao rosto de Barrabás.

"Prepara teu porrete", falou Maria Magdalena.

"Como?"

"Hoje é o dia."

"De quê?"

"Da tua primeira vez."

"Esperei tanto por isso."

"Pois então levanta. Meu pai te espera."

"Teu pai?"

"Sim, ele e os onze. Para o assalto. É tempo de te juntares ao grupo, meu guerreiro."

Maria Magdalena estendeu sua mão e Barrabás, agarrando-se a ela, ergueu-se num pulo. Ficaram os dois frente a frente, tão próximos um do outro que uma formiga não caberia entre seus narizes.

"Eu me portarei como um bravo e terás orgulho de mim", falou ele, estufando o peito.

"Vai", disse ela passando-lhe a mão pelos cabelos. "Ficarei à tua espera."

Barrabás despediu-se de Maria Magdalena, apanhou seu porrete de pregos e saiu dali caminhando em passo ligeiro.

Quando pôs a cabeça para fora da caverna, foi recebido com gritos de entusiasmo por Atronges e os onze. Todos sorriam e pareciam contentes, assim como lavradores que ao amanhecer partem para trabalhar em seus roçados.

No decorrer daquele dia, os mais diferentes sentimentos tomaram conta de Barrabás:

* ansiedade enquanto caminhavam até o deserto;

* receio ao ver os amigos afiando suas facas;

* temor ao se esconder debaixo da manta;

* medo quando percebeu que os adversários se aproximavam;

* pavor quando teve que saltar sobre eles, gritando e brandindo sua arma;

* horror ao derrubar o primeiro inimigo com uma porretada;

* e alívio ao ouvir Gômer dizer: "Para de bater nos cadáveres, garoto. A luta acabou."

A saborosa história de Gômer

Gômer, o gordo, veio ao mundo pesando quase meia arroba. Amava comer sobre todas as coisas. Por isso não conseguia jejuar nos dias santos e dava graças por não ter nascido nos tempos do Êxodo, quando os judeus se alimentavam apenas do maná que caía dos céus.

Por sorte, tornou-se provador de Nabal, o saduceu, de modo que os pratos tinham que passar por sua boca antes de descerem pela garganta de seu senhor.

De todas as iguarias do mundo, só não suportava as favas, e isto foi sua perdição e salvação, pois deixou de experimentar um cozido feito com aquele legume para o banquete de aniversário de Nabal.

Enquanto o saduceu espumava e dizia "fui envenenado", Gômer fugia por uma janela.

Romanos contra romanos

Barrabás ainda estava limpando os pingos de sangue em seu rosto quando ouviu Atronges dizer: "Empilhem as fardas dos inimigos. Vamos queimá-las numa fogueira para celebrar nossa vitória!"

Porém, o novato guerreiro adiantou-se e falou: "Perdão, senhor, mas podemos fazer algo melhor com estes trajes."

"O quê?"

"Vesti-los."

"Eu nunca poria esse trapo sobre o meu corpo!", disse Atronges ajeitando sua esfarrapada túnica.

"Só por uma manhã, senhor."

"Um instante seria demais."

"É pena, porque, se os vestíssemos, poderíamos nos aproximar de um depósito inimigo e roubar comida para vários meses."

Dessa vez Atronges não precisou pensar duas vezes para aceitar a sugestão de Barrabás.

Dias depois, vestidos como romanos e marchando como tais, os treze aproximaram-se de um silo em Gíscala e fizeram uma saudação ao sentinela. Este, enxergando apenas os capacetes, as armas e as roupas, e não as ideias, as almas e os membros circuncidados, mandou que se abrissem os portões.

Quando eles se fecharam, os falsos legionários logo dominaram os verdadeiros. Depois, com toda a calma, tomaram para si uma récua de bestas e as carregaram com comida e bebida.

Naquela noite houve festa na caverna de Atronges. Maria Magdalena ornou-se com guizos e dançou diante de seus amigos. Entre goles de aguardente de cevada e dentadas em nacos de carne, todos bateram palmas. Todos menos Barrabás, que, enquanto ela dançava, não piscou ou respirou.

Alguns de todos

Depois daqueles dois primeiros assaltos, Barrabás concebeu muitos outros, todos igualmente engenhosos. Eis aqui alguns destes todos:

* houve a vez em que se passaram por leprosos e fizeram a comitiva de um cobrador de impostos bater em retirada, deixando para trás os tributos arrecadados;

* houve a vez em que cavaram um enorme buraco na entrada de Filadélfia e o cobriram com pétalas de flores. Os legionários pensaram que aquilo era um tapete de boas-vindas e lá caíram, sendo mortos e pilhados;

* houve a vez em que se vestiram de mulheres para atrair um grupo de altos funcionários do palácio de Paneias, e estes acabaram sem moedas e canos;

* houve a vez em que lançaram grandes pedras de um desfiladeiro, fazendo perecer toda uma centúria; por sinal, a mesma que havia destruído Genesaré;

* e houve a vez em que invadiram a casa de câmbio de Jotapata, cunhando moedas com a efígie de Ananias em vez da de Tibério César. O dinheiro foi distribuído entre os ju-

deus, que pagaram muitos impostos antes que alguém notasse a diferença.

Com estes e outros golpes, Barrabás logo se tornou o segundo do grupo, e Atronges sentia por ele o orgulho que um pai sente ao ver o filho seguindo seus passos.

A grandiosa história de Ananias

Ananias media pouco mais de dois côvados.* Trabalhava num circo como acrobata e malabarista. Tinha espírito afável, mas não suportava que fizessem gracejos sobre seu tamanho.

Certa feita, um general disse que ele tinha pouca altura e boca grande, e assim poderia ganhar dinheiro de outro modo. Ananias esmigalhou os testículos do incauto e desde então passou a ser perseguido pela lei.

* Um côvado equivale a aproximadamente meio metro.

Cântico dos cânticos

Sempre que o grupo voltava de suas vilanias, matanças e atrocidades, Barrabás trazia em mimo para Maria Magdalena.

Eram coisas que ele apanhava entre os cadáveres dos adversários e que, em seu pensamento, poderiam fazê-la sorrir. Às vezes era uma botija em forma de maçã, às vezes um diadema de rubis, às vezes um prepúcio de gentio, às vezes um cálice de prata.

Certo dia, ao voltar de um ataque à aldeia de Aim Karim, encontrou-a à beira de um riacho a lavar roupa.

"Atrapalho?", perguntou ele escondendo algo às costas.

"Claro que não."

"Trouxe algo para ti."

"O quê?"

Barrabás passou às mãos dela uma estatueta de alabastro em forma de mulher.

"É uma deusa", explicou ele.

"Eu sei, é Afrodite."

"Espero que tenhas gostado."

"Claro que sim", confirmou ela sem tirar os olhos da estatueta. "Vou fazer-lhe um altar entre as pedras."

"Tu crês que isto tem poderes?"

"Gosto de pensar que um ser supremo olha por mim. E tu, acreditas em algum deus?"

"Meus pais pediram que Javé os salvasse dos romanos, mas de nada adiantou. Desde aquele dia, creio que já não creio."

"Mesmo? Não há nada que adores? Nada que te pareça perfeito? Nada que te pareça superior a tudo?"

Por alguns instantes ele ficou em silêncio. Depois respirou fundo, juntou suas forças e murmurou: "Tu."

Ela olhou para ele, sem saber o que dizer.

Mas Barrabás sabia, e disse:

"Maria Magdalena, teu nome é como um vento que sopra.

"Como o jasmim entre espinhos, és tu entre as outras mulheres.

"És delicada como a corsa.

"És pura como a pomba.

"És bela como a pantera.

"Teus cabelos são como um rebanho de cabras, esparramando-se pelas encostas do monte Galaad.

"Teus dentes são como ovelhas tosquiadas, recém-saídas do lavadouro.

"Teus lábios são fitas púrpura de fala maviosa.

"Tuas faces são metades da mais perfeita romã.

"Teus seios são como duas crias de gazela pastando nas campinas.

"Teus olhos são garças, junto aos cursos de água, banhando-se em leite, detendo-se no remanso.

"Teu nariz é como a torre do Líbano, sentinela de Damasco.

"Teu umbigo é uma taça redonda.

"Teu ventre é um monte de trigo, cercado de lírios.

"É forte meu amor como a morte, e minha paixão é violenta como o abismo. Suas centelhas são centelhas de fogo, labaredas divinas. Chuvas não conseguirão apagá-las, rios não poderão afogá-las.

"Beija-me com os beijos da tua boca, porque os teus amores são mais deliciosos que o vinho e suave é a fragrância dos teus perfumes."

Então Maria Magdalena o beijou. E o verbo se fez carne.

Mais que filho

No dia seguinte Barrabás foi ter com Atronges, que tomava uma caneca de vinho.

"Senhor, és como um pai para mim."

"Para mim, és como um filho."

"Pois quero ser mais que isso."

"O que seria mais que um filho?"

"Um genro."

Atronges cuspiu longe o vinho e depois, controlando-se, disse: "Tu e Maria Magdalena ainda sois crianças."

"Não somos mais."

"Que queres dizer?"

"Ontem à tarde, à beira do riacho, tornamo-nos homem e mulher."

Ao ouvir aquela revelação, o Leão da Galileia esmagou a caneca de cobre que estava em sua mão e rugiu:

"Eu deveria matá-lo!"

"Suplico que não te oponhas ao nosso amor. Eu sou dela e ela é minha. Se não permitires nosso casamento, fugiremos."

Atronges atirou longe a caneca.

"Queres que minha filha se case com um homem que pode morrer a qualquer instante?"

"Todo homem está sempre à beira da morte."

Atronges deu um pequeno sorriso e disse: "És inteligente e tens o dom das palavras."

Levantando-se, pôs as mãos ao lado das faces de Barrabás, de forma que, se quisesse, poderia esmagá-lo num só golpe, mas fez este gesto tão suavemente como a borboleta pousa na flor, e falou: "És como meu braço direito e, um dia, serás o líder deste grupo. Não há ninguém melhor do que tu para cuidar de minha pequena Maria."

Duas lágrimas escorreram dos olhos de Barrabás até chegarem aos polegares de Atronges.

"Só te peço que não mais a toques como mulher até o dia de vosso casamento, que não tardará. Nem comentes nada com os outros. Quero fazer uma surpresa para todos."

Menos que filha

Mal tinha se passado uma semana quando Atronges decidiu atacar uma cáfila de cobradores de impostos que ia para Jerusalém.

Aquele dinheiro se destinava às reformas do Templo, e a comitiva estava sendo conduzida pessoalmente pelo procurador Valerius Gratus. A fileira de camelos era imensa e, pelo número de cestos pendurados em suas corcovas, calculava-se o valor da carga em dez talentos de ouro.

Mais uma vez foi Barrabás quem arquitetou o plano. Decidiu que os rebeldes ficariam mergulhados no meio de um lago, no oásis de Narbata. Para respirar embaixo d'água usaram caniços ocos, vegetação ordinária naquela época de outono, de modo que quem olhasse de longe não notaria nada de estranho.

Quando a caravana se aproximou para dar de beber aos camelos, Atronges e seus doze saíram da água feito tritões enlouquecidos.

Mas, se isso foi uma surpresa, surpresa maior foi que, de dentro dos cestos, saltaram legionários romanos armados até os dentes.

Ao ver que se tratava de uma armadilha, o bando separou-se e cada qual tomou uma direção.

Como conheciam melhor a região e usavam roupas leves, os israelitas logo conseguiram se distanciar. Porém, quando escalava uma penha, Barrabás sentiu um tremendo golpe na perna, escorregou e caiu, batendo-se contra os rochedos.

Olhando para cima, ele viu Atronges segurando seu cajado e perguntou:

"Por quê?"

"Amo-te como a um filho, mas amo mais à minha filha. Não desejo que ela passe os dias ao lado de um homem de vida incerta."

"Vais me abandonar aqui?"

"Direi que morreste bravamente."

E, secando uma lágrima com as costas da mão, o Leão da Galileia sumiu por entre as pedras.

As asas de Moisés

Logo alguns legionários chegaram onde estava Barrabás. Depois de lhe darem uma boa surra, carregaram-no até o procurador Valerius Gratus.

"Conseguimos pegar um dos ladrões", disse um dos soldados. "Devemos enforcá-lo ou cortar sua cabeça?"

Valerius Gratus, virando-se para o sacerdote que estava ao seu lado, perguntou:

"O que tua religião diz que devemos fazer, rabi? Qual a morte mais apropriada para este verme?"

Neste instante, Barrabás levantou a cabeça e seus olhos não acreditaram no que viram, pois o tal sacerdote era ninguém menos que o rabi Caifás, aquele que tentara lhe ensinar as letras e a Lei.

Caifás não identificou seu antigo aluno de pronto. Primeiro porque o julgava morto, segundo porque tinha se tornado em homem, e terceiro porque o sangue lhe encobria o rosto. Abrindo os braços, o preso fez-se conhecer:

"Rabi, sou eu: Barrabás."

Mudou-se naquela hora o semblante do sacerdote, passando do desprezo à surpresa: "Pelas barbas do profeta!"

Barrabás suspirou de alívio ao ver-se reconhecido.

"Não o apertem tanto", falou Caifás. "Queres um pouco d'água?"

Dando ávidos goles numa caneca, Barrabás falou: "Pensei que só eu tinha sobrevivido ao massacre de Genesaré."

"Somos dois."

"Como escapaste, rabi?"

Limpando o rosto do prisioneiro com um trapo, respondeu Caifás: "Quando vi os soldados chegando, corri para a sinagoga e comecei a orar. Logo, porém, a porta foi feita em pedaços e os romanos levaram-me até o poço, onde me amarraram e me golpearam com o flagrum. Enquanto as bolas de ferro abriam-me a pele e meu sangue escorria, Javé deu-me uma visão."

"Qual?"

"Vi Moisés voando entre as nuvens, montado na águia romana."

"E o que isso queria dizer?"

"Que junto com Roma poderíamos voar mais longe e mais alto."

Valerius Gratus pôs a mão sobre os ombros de Caifás e completou: "E, para provar sua fidelidade, meu bom amigo deu o nome de alguns rabis das cidades vizinhas que não aceitavam nossa proteção."

"Cão traidor!", gritou Barrabás.

"Antes morrerem dez que dez mil. A areia de Israel não deve ser regada com sangue."

"Ainda mais com o teu!"

"Não sejas insolente!"

"Que tenho a temer? Daqui a pouco teus irmãos romanos acabarão comigo!"

"Sim, a pena para teu delito é a morte. Mas peço-vos, Valerius Gratus, que poupeis o filho de José e Maria, de quem tenho tão boas lembranças."

"Nem pensar. É um rebelde. Hoje mesmo entregarei seu cadáver às aves do céu e aos animais do campo."

Foi quando Caifás, curvando-se, disse: "Valerius Gratus, este rapaz é como um filho para mim. Suplico que abrandeis sua pena."

O procurador olhou para Caifás, olhou para Barrabás, e ficou mirando ora um, ora o outro, até que, sorrindo, falou: "Entendo o que dizes. Serei magnânimo. Em vez da morte, ele apenas ficará encarcerado pelo resto de seus dias."

Dize-me com quem andas e te direi quem és

O filho do pai foi levado para a prisão de Macaeros. Sua cela era um porão frio e úmido, e não havia ali banco, cadeira ou cama, mas apenas uma esteira rota. Seu alimento era uma ração de aveia e alfafa, que era a sobra da comida dada aos burros, e a água que lhe serviam tinha gosto de peixe.

Barrabás passava todo o tempo a sonhar. Dormindo, sonhava que Maria Magdalena estava dançando, e ele e uma dúzia de filhos batiam palmas ao seu redor. Acordado, sonhava que sua faca cortava o pescoço de Atronges.

Nas primeiras semanas teve por companhia ratos, baratas, moscas, pulgas, lesmas, piolhos, minhocas e percevejos. Porém, como a guarda romana era aplicada em seu trabalho, logo havia menos celas que presos, e outros homens começaram a passar por seu cárcere antes de serem executados.

No ano da morte do tetrarca Herodes Filipe, ele dividia a cela com outros três prisioneiros:

* um coríntio cuja arte era fazer-se passar pelos outros, com o que comprava o que não podia e vendia o que não tinha.

Foi descoberto quando, num banquete, tentou passar-se pelo general Belazar para o próprio Belazar;

* um falsário que criava estátuas ao estilo de Fídias e as vendia como se fossem originais do famoso escultor grego. Foi descoberto quando, por distração, fez um Apolo circuncidado;

* e por fim havia Simão, o mágico. Em seu principal número, ele colocava um menino dentro de uma caixa na qual cravava várias espadas, e depois o garoto saía de lá sem o menor ferimento. Um dia, porém, a vasta esposa do etnarca de Damasco pediu que o número fosse feito com ela, e Simão acabou por furar suas amplas nádegas.

Estes e outros efêmeros companheiros gastavam seus últimos dias contando segredos a Barrabás, com o que ele se tornou uma bíblia de logros e astúcias.

Adão antes do sopro

Certa manhã, mais um prisioneiro foi atirado àquele calabouço. Tinha cabelos longos, uma barba que lhe chegava ao umbigo e cobria-se com uma pele de camelo.

Barrabás ajudou-o a levantar e o homem, mal se viu de pé, começou a dizer em alta voz:

"Quem tiver ouvidos para ouvir, que ouça: Deus foi o princípio de tudo: do céu, da terra e da vida, com Adão e Eva. E mais vos digo: Ele é também o fim, o destino de todos nós. Viemos de Deus e a Deus voltaremos. Ele fez a chuva para que nos molhemos, o sol para que nos sequemos, o vento para que nos refresquemos. Tudo vem de Deus. Por Deus fomos feitos e por Deus tudo fazemos. Por isso, quanto mais o homem se unir a Deus, mais será o que é. Poderia ele ter feito o leão reinar sobre todos os animais? Poderia. Poderia ter feito o tigre ser o soberano da Terra? Poderia. Mas ele o fez? Não, ele não o fez. Recolhe-te, leão, à tua penúria! Tigre, cobre tua cabeça envergonhada! Sim, porque Deus fez o homem à sua imagem e semelhança!"

O recém-chegado parou de pregar porque uma gargalhada encobriu sua voz.

"Perdão", desculpou-se Barrabás, "mas é que se Deus fez o homem à sua imagem e semelhança, deve ser muito feio".

O sujeito em vestes de camelo sentou-se e resmungou: "Melhor seria pregar aos peixes, que ao menos ouvem e não falam."

Barrabás passou o braço sobre os ombros dele e explicou-se: "Não falo por mal. É que ficamos o tempo todo trancados nesta cela, e zombar uns dos outros é nossa única diversão. Pega, come alguma coisa."

Deu-lhe então uma tigela com os restos de seus restos, e o homem os engoliu com tal sofreguidão que era como se estivesse jejuando desde o tempo de Enoque.

Entre uma mão e outra de comida, ele foi respondendo às perguntas dos companheiros de masmorra.

"O que fazes?", perguntou o coríntio.

"Sou profeta."

"Que crime cometeste?", quis saber o escultor.

"Insultei o rei Herodes Antipas."

"De que o chamaste?", interrogou Simão.

"De pecador, pois roubou a mulher de seu próprio irmão."

"Como é teu nome?", indagou Barrabás.

"Sou João, e também me chamam de Batista, pois batizava meus seguidores nas águas do Jordão. Aliás, vou ungi-lo agora mesmo em gratidão pelo alimento que me destes."

O profeta ficou em pé e fez com que seu benfeitor também se erguesse.

"Não temos água", observou Barrabás.

"Mas temos barro", disse João Batista. E, enchendo as mãos com a lama que brotava num canto da cela, colocou-as sobre a cabeça de Barrabás.

Ao ver o lodo tingindo de castanho os ruivos cabelos do amigo, os outros prisioneiros se animaram e, por brincadeira, o besuntaram por inteiro. Nem Adão antes do sopro teve uma aparência mais lamacenta.

Raça de víboras!

Uma semana ficou João Batista naquela cela.

Barrabás e os outros decoraram todas as suas falas, pois o profeta declamava seu discurso noite e dia, e às vezes até durante as madrugadas, posto que tinha o costume de falar enquanto dormia.

Assim foi até que apareceu o carcereiro-mor acompanhado de alguns soldados. Ele apontou para o inimigo do rei e disse: "Vem conosco, comedor de grilos."

João parou imediatamente com o sermão. Barrabás tirou as mãos dos ouvidos, colocou-as nos ombros do pregador e falou com sinceridade: "Esta cela não será a mesma sem ti."

Enquanto os guardas entravam para levar o pregador, o carcereiro disse: "Teu azar foi que ontem, Salomé, a filha de Herodíades, dançou tão bem que Herodes Antipas prometeu dar-lhe o que quisesse."

"E o que ela pediu?"

"Tua cabeça numa bandeja."

João Batista deu um passo para a frente: "Um servo do Senhor não pode morrer por conta de saracoteios indecentes!"

Em seguida foi tomado de tal ódio que saltou sobre seus algozes e se pôs a socá-los e chutá-los, gritando "Raça de víboras!, Raça de víboras!" entre uma dentada e outra. Seu ataque teve tanta fúria e furor que logo dois soldados estavam no chão e os outros atracavam-se com ele.

Ao ver tal confusão e a porta aberta, Barrabás e os outros saíram pelo corredor e começaram a andar. Primeiro lentamente, depois em trote acelerado e por fim em desabalada carreira.

Escalaram escadas, correram por corredores e passaram por passagens até que chegaram a um pátio no alto da fortaleza. De lá até o chão eram mais de dez côvados de altura, e não havia por ali escada ou corda. Quando iam dar meia-volta, eis que depararam-se com uma dúzia de legionários.

Os fugitivos espalharam-se pelo pátio feito baratas a fugir de sandálias. Mas os romanos logo os alcançaram: Simão teve o pé cortado por uma espada, uma lança cravou-se nas costas do escultor e o coríntio ajoelhou-se e exclamou: "Viva Roma, viva Roma!"

Quanto a Barrabás, ficou acuado num canto da murada. Estava entre os soldados e a queda. E não hesitou. Atirou-se no ar.

Barrabases

Barrabás caiu sobre a tenda de um mercador. Por uma dessas sortes que só se encontram nas histórias para crianças, não se tratava de um mercador de facas, mas sim de almofadas.

Ao ver que nada — pé, perna, braço ou nariz — havia se quebrado, ele deixou o comerciante a gritar maldições e saiu em disparada pelas tortas ruas de Macaeros, sendo logo perseguido por alguns guardas.

Ele correu o mais que pôde, pulando muros, desviando-se das gentes e passando por vielas tão estreitas que, se tivesse as formas de Gômer, ficaria entalado.

Barrabás abriu certa vantagem, mas, como o ar já lhe faltasse, decidiu misturar-se a um grupo de nazireus* que estava ao redor de uma piscina sagrada. Eram por volta de quarenta e faziam suas abluções lavando mãos, braços, pernas e troncos, com o que muitos estavam com o dorso de fora. Metendo-se

---

* Os nazireus eram religiosos que se consagravam a Javé por um tempo determinado, durante o qual não bebiam vinho, tocavam em mortos ou cortavam os cabelos.

entre eles, Barrabás tirou parte de sua roupa e também começou a se lavar.

Quando um guarda romano chegou e viu aquela multidão de homens cabeludos, barbados e magros, não soube identificar o fugitivo. Então berrou:

"Estou à procura de um inimigo de Roma. Se ele estiver aqui, é melhor que o entregueis."

Após um longo silêncio, o soldado insistiu:

"Tenho pressa! Dizei logo onde está o canalha!"

Foi quando um dos nazireus abriu os braços e disse: "Eu sou o homem que procuras."

O romano deu um passo em sua direção, mas logo outro nazireu também abriu os braços e falou: "Eu sou o homem que procuras."

Na outra ponta da piscina, mais um bradou: "Eu sou o homem que procuras."

E depois outro, mais outro e mais outro, até que todos confessaram ser Barrabás, inclusive ele mesmo.

Quando aqueles homens, de braços abertos e repetindo "Eu sou o homem que procuras", começaram a andar na direção do guarda romano, este deu um passo para trás e disse:

"Acho que ele deve ter ido para o outro lado."

E saiu dali o mais rápido que pôde.

A perna na boca

"Estamos a caminho de Jerusalém. Vens conosco?", perguntou a Barrabás aquele que primeiro havia dito "Sou o homem que procuras".

"Gostaria, mas não sou um de vós."

"És israelita? Conheces a Lei? Odeias os romanos?"

"Três vezes sim."

"Então és um dos nossos. Vem."

E ele foi.

Os nazireus iam participar da festa dos Pães Ázimos. Eram, na maior parte, gente de Macaeros, mas havia também alguns vindos de cidades vizinhas, como Esbus e Medeba. Depois de terminadas as abluções, tomaram a estrada.

Como eram magros e maltratados pelos constantes jejuns, andavam sempre a passo lento. A viagem, que um homem comum faria em três dias, eles esperavam cumprir em seis ou sete.

Enquanto caminhavam, Barrabás aproveitou para conhecer melhor seus salvadores.

Os nazireus não se queixavam nem do sol, nem da chuva, nem do vento, nem dos mosquitos, tudo suportando com absoluta paciência. Abdicavam do dinheiro, detestavam a glória e fugiam do amor venéreo. Nenhuma das aflições que oprimem o coração do homem os incomodava.

Aquela maneira de viver impressionou Barrabás, e ele considerou se não seria bom tornar-se um deles.

À noite, os nazireus sentaram-se em torno do fogo e repartiram suas migalhas de pão. Ninguém apanhava para si o maior bocado e não foram poucos os que disseram estar sem fome, unicamente na intenção de que seus companheiros se alimentassem melhor.

Contudo chegou a hora em que o pouco virou nada. No final do quarto dia, quando acamparam nos arredores de Qumram, Barrabás nem pôde dormir, tão alto era o ronco dos ventres esfaimados.

Ao amanhecer, porém, mal os peregrinos puseram-se a andar e se depararam com um bezerro perdido.

Com surpreendente rapidez, os homens o capturaram e degolaram. Espargiram seu sangue, partiram-no em pedaços, lavaram suas vísceras e pernas com água, e a tudo puseram para queimar numa fogueira.

O animal sobre as brasas era um espetáculo para olhos, ouvidos e nariz. Aos olhos porque era belo ver a carne tostando, aos ouvidos porque aprazia escutar os estalos da lenha, e ao nariz porque um agradável cheiro de assado espalhava-se pelo ar.

Querendo que aquela carne lhe servisse também à boca, Barrabás pegou uma perna e cravou-lhe os dentes.

Imediatamente os nazireus o cercaram, e o que tinha as barbas mais brancas perguntou:

"Por que fizeste isso?"

"Pensei que comeríamos o bezerro."

"Ele estava sendo oferecido em holocausto a Javé."

"Nós estamos com fome. Ele, não", ponderou Barrabás.

Ao ouvir estas palavras, a roda dos nazireus apertou-se, seus rostos se encheram de ódio e eles começaram a chamá-lo de "Descrente!", "Herege!" e "Infiel!".

Temendo que seus amigos o matassem, Barrabás escolheu a parte do cerco que lhe parecia mais frágil e, sempre com a perna de bezerro à mão, meteu-se por ali. Levou alguns tapas e safanões, mas conseguiu escapar.

Anda, jumento!

O filho do pai atravessou o vale do Megido, passou por Séforis e tomou a direção de Genesaré.

Estava-se nas entradas da primavera e a terra dava as primícias de seus frutos. Para onde quer que se olhasse viam-se trigais ondulando ao vento e parreirais à espera da vindima. No alto, bandos de aves salpicavam de cores o azul do céu. No chão, besouros sapateavam sobre estrumes de vaca.

Ainda chupando o osso de bezerro, ele alcançou o lugar da terrível crucificação. Ficou ali, onde estiveram seus pais, por um bom tempo. Então escutou um latido ao longe.

Aquilo o fez imaginar Golias, seu velho cão, correndo pela estrada, pulando em seu peito e lambendo-lhe a cara. Logo atrás surgiram Maria, sua mãe, e José. Estavam já idosos e com cabelos brancos. Ele andava curvado e usava um bastão para se apoiar. Ela tinha os olhos fundos e a pele murcha.

José estendeu a mão trêmula e deu-lhe um brinquedo, uma pequena caixa de madeira que se dividia em duas partes. Maria sorriu-lhe suavemente e disse com voz de brisa: "Deves estar cansado da viagem. Preparei um guisado de ovelha para esquentar-te a barriga."

De olhos fechados, Barrabás viu-se abraçando os pais enquanto Golias cheirava-lhe os pés.

E, quando abriu os olhos, realmente havia um cão sarnento a lhe cheirar. Ele pegou uma pedra e ameaçou atirá-la, com o que o animal saiu em disparada.

Só então Barrabás reparou que a estrada estava diferente. Agora era mais larga e, em vez do piso de barro, era recoberta por elegantes pedras de basalto.

Ao entrar na cidade, viu que os romanos haviam aberto vias nos sentidos dos pontos cardeais, mudando o desenho enovelado das ruas.

Um aqueduto ocupava o lugar da antiga rua do poço, e um templo consagrado a Minerva se erguia sobre as ruínas da sinagoga.

No lugar da velha vizinhança encontrou termas, biblioteca, banheiros públicos e ginásios.

Foi difícil reconhecer a casa em que vivera, pois já não era branca como antes. Estava pintada de verde e possuía floreiras nas janelas. Em seu interior notou um casal de egípcios; no jardim, quatro crianças brincavam de gladiadores.

Aquelas visões encheram de melancolia o coração de Barrabás, pois ele percebeu que sua Genesaré não era mais sua. Sentou-se ao lado de um busto de Pompeu, apanhou um punhado de terra e ficou olhando o pó escorrer entre seus dedos.

Permaneceu ali por um bom tempo, até que ouviu uma voz dizer: "Vais ficar aí parado? Anda, jumento!"

O almocreve

Barrabás levantou a cabeça, pensando que falavam com ele. Mas o que viu foi um homem pelejando para empurrar uma montaria, e percebeu que o dito jumento era um jumento de verdade.

O filho de Genesaré foi até lá e perguntou: "Queres ajuda?"

"Se conseguires pôr esta besta a andar, dou-te uma recompensa", disse o homem.

Mal Barrabás tocou o asno e o animal desempacou.

"Milagre!", exclamou o dono da cavalgadura. "Nestas horas é que se percebe o dedo de Deus!"

Enquanto Barrabás lavava a mão, pensava em qual seria seu prêmio por aquela gentileza. Um lepto seria justo, mas o homem já estava tão nervoso com seu mulo que isto bem poderia render-lhe uma dracma. Não, ele estava mais que nervoso, estava desesperado, e o fim de um desespero não valeria menos que uma didracma. Sim, uma didracma seria boa paga. Se bem que o sujeito parecia não entender nada de animais, e poderia ter ficado para sempre naquele empate. Sem dúvida, aquele favor valia um estáter de ouro!

Batendo o pó de sua túnica, o dono do animal disse: "Vou pagar-te por teu trabalho."

"Não é necessário."

"Faço questão."

"Se insistes..."

"Insisto. E, como sou rabi, te darei algo que vale mais do que dinheiro: minha bênção."

Pondo as mãos na cabeça de Barrabás, ele cantou um hino a Javé.

"Muito vos agradeço, mas meu ventre tem mais fome que minha alma."

O rabi tirou uma tâmara do alforje, mordiscou-a e falou: "Pois então vinde comigo. Hoje farei um casamento em Caná e deixarei que me ajudes na celebração. Lá poderás comer e beber à vontade."

O noivo traidor

Algumas horas depois passavam os três pelas portas de Caná. A cidade estava em festa por causa do casamento de uma de suas filhas mais importantes, Zeruia, a rica viúva de um fazendeiro.

Sua casa ficava no costado de um morro. Tinha doze janelas e dava vista para um olival que se estendia por toda a planície, chegando a alcançar as beiras da estrada romana.

Barrabás e o rabi entraram na casa, percorreram o piso de mosaicos com desenhos de cachos de uvas e, quando encontraram a primeira empregada, perguntaram pela noiva. A mulher contou-lhes que Zeruia estava a ser enfeitada por amigas numa fazenda vizinha.

Incomodado pela fome, Barrabás viu passar um pajem com uma bandeja onde havia frutas e uma faca. Ele perguntou ao rapaz se poderia apanhar uma fatia de maçã, mas o pajem disse-lhe que não, pois aquelas frutas eram para o noivo, e apontou com o queixo para um cômodo à sua direita.

Olhando para lá, Barrabás viu um homem de cabelos brancos sentado de costas para eles.

"Pelas lentilhas de Jacó!"

"Que foi?", perguntou o pajem.

"Aquele é o Leão da Galileia?"

"Não, é o noivo de Zeruia."

"Seu nome é Atronges?"

"Sim."

Barrabás fez saber ao pajem que era um velho conhecido do nubente, mas não o via há anos. Emendando, pediu para levar a bandeja com a faca e as frutas, pois queria fazer-lhe uma surpresa.

O jovem entregou-lhe a bandeja de bom grado e saiu.

Barrabás deixou-a de lado, tomou a faca e aproximou-se lentamente da cadeira de seu antigo líder. Num rápido movimento, puxou sua cabeça para trás e apertou a lâmina contra seu pescoço.

Com a boca grudada à orelha do noivo, sussurrou: "Hoje vais te casar com a morte."

"Quem és tu?"

"Sou aquele a quem traíste."

"Ocozias? Jedidião? Nacor? Tabeel?"

"Não, Barrabás."

"Louvado seja! Minhas preces foram ouvidas!"

"As minhas também."

"Mata-me. É justo, eu te traí."

"Pois levanta-te para morrer como um homem."

"Não."

"Não queres a honra de morrer em pé?"

"Quero."

"Então por que não te ergues?"

"Porque estou aleijado."

Perturbou-se Barrabás ao ouvir aquilo e, baixando a faca, perguntou: "O que se deu contigo?"

O que se deu com Atronges

"Um dia, uma expedição de romanos veio em nosso encalço e tivemos que nos dispersar pelo monte. Eles, porém, não se espalharam e vieram todos atrás de mim. Perseguiram-me até que fiquei acuado à borda do despenhadeiro. Podia entregar-me, mas preferi a honra e pulei. Durante a queda estropiei-me nas penhas e rasguei-me em rochas pontudas. Cheguei ao solo tão esfacelado que os romanos não imaginaram que eu pudesse estar vivo, e nem se deram o trabalho de descer o precipício. No dia seguinte, os onze foram buscar meu corpo a fim de enterrar-me, mas, para a surpresa de todos e minha, eu estava vivo. Se bem que não de todo, pois minhas pernas tinham morrido. Elas quebraram-se em muitos pedaços e nunca mais pude andar. Comigo aleijado, os homens ficaram sem líder e cada um tomou seu rumo, não sem antes arranjarem-me um emprego nos olivais de Zeruia. Sim, eu, que quebrei tantos crânios, tornei-me um descaroçador de azeitonas. Porém, a sorte me sorriu e Zeruia se agradou de mim. É bem verdade que é velha, caolha e beberrona, mas ama-me e isso é mais do que eu poderia desejar. Com ela me casaria hoje, se não fosse morrer pelo golpe de tua adaga."

Barrabás, com os olhos umedecidos, mas ainda com a faca em punho, sentou-se num banco e perguntou:

"Maria Magdalena está aqui?"

"Não."

"Morreu? Casou-se? O que se deu com ela?"

O que se deu com Maria Magdalena

"Depois de tua morte, minha filha tornou-se uma mulher triste, de olhar apagado, alienada do mundo. Nenhuma conversa a atraía e passava os dias calada. Pus em suas mãos os mais ricos presentes que a rapina pode dar, mas a pobrezinha não se agradava de nada e, após me agradecer pelo mimo, o deixava esquecido num canto. Não podes imaginar quão devastadora é essa dor no coração de um pai. Envelheci doze anos em doze meses, até que um dia, quando passávamos por uma viela de Nazaré, ela parou para ouvir um profeta qualquer. Eu queria seguir adiante, mas ela continuava ali, embevecida com os delírios do patife. A partir daí, todas as vezes que íamos a algum roubo ou ataque, cuidava antes de deixá-la numa praça a escutar um pregador. Seu rosto ganhou novas cores e meu velho coração voltou a bater. Só não contava que a cura de sua doença me matasse, pois um dia, em Emaús, ela simplesmente fugiu com um destes desvairados."

"Nunca mais a viste?"

Olhando para o chão, respondeu Atronges: "Vi o Sol e vi a Lua, vi grandes chuvas e terríveis secas, vi crianças nascerem e homens descerem à cova, mas nunca mais vi minha filha."

"Sei que ainda hei de encontrá-la", profetizou Barrabás.

"Diga-lhe que a amei até meu último minuto. Agora, por favor, mata-me de um só golpe", falou Atronges oferecendo a nuca para Barrabás.

O silêncio era tão grande que se podiam ouvir os passos de uma centopeia sobre um monte de palha, mas ele foi quebrado pelo barulho de uma faca caindo ao chão.

"Não te matarei", disse Barrabás. "Partiram tuas pernas e partiu-se teu coração. Já sofreste o suficiente."

Atronges ergueu a cabeça e abriu-se em riso: "Então serás meu convidado de honra. Comerás o melhor da minha mesa e te deitarás na melhor de minhas esteiras, porque és como um filho que retorna."

O lago dourado

Barrabás foi levado por uma criada até um dos quartos da casa e, depois de comer, entre um arroto e outro, pôs-se a pensar na vida.

Pensou que nascera por obra de um milagre e que vira sua cidade reduzida a cinzas. Que vagara pelo deserto e fora recolhido por um bando de ladrões. Que arrancara o coração de muitos romanos e dera o seu a Maria Magdalena. Que fora traído por Atronges e salvo da morte por Caifás. Pensou que ficara preso, fugira, andara com os narizeus e, por fim, reencontrara seu algoz em Caná.

Tanto pensar o deixou com sono. Sua respiração ficou mais lenta, sua cabeça inclinou-se e as pálpebras começaram a piscar lentamente. Acabou por dormir e foi da memória para a fantasia, pois, em vez de lembrar da vida que tivera, pôs-se a sonhar com a que desejava.

Viu-se ao lado de Maria Magdalena no oásis de Cades--Barneia, onde palmeiras com folhas do tamanho de ursos lhe ofereciam sombra. Quando tinha fome, pássaros coloridos lhe traziam queijos com recheio de tâmaras. Quando sentia sede, bebia hidromel num cálice de flores. Quando queria se refrescar, mergulhava num lago dourado e de águas cálidas.

Foi quando passou a mão por sua túnica e a sentiu molhada, como se o lago do sonho tivesse se tornado realidade.

Então abriu os olhos e viu vários homens a segurar seus membros, alguns ainda despejando jatos, outros espremendo as derradeiras gotas de urina.

Barrabás levantou-se num salto e, com punhos fechados, gritou: "Filhos de uma loba!"

Já se preparava para distribuir golpes e cusparadas quando percebeu que aqueles que o haviam feito de urinol eram Zibeão, Jair, Lamaque, Og, Malalael, Ananias, Jeoiaquim, Gômer, Jorão, Jotão e Galal de Crocodileia. Eles haviam chegado em caravana para o casamento de Atronges, e este acabara de lhes contar a verdade sobre seu paradeiro.

Todos se abraçaram entre brados de alegria, zombando dos cabelos brancos de um, dos dentes caídos de outro, das rugas de todos. O gigante Og, como sempre, chorou, mas não foi o único, porque o rosto de Barrabás também se umedeceu com lágrimas ao ver os velhos companheiros.

Terminaram o dia sentados a uma mesa, comendo passas e lembrando-se do tempo em que Atronges tinha pernas e eles, aventuras.

In vino veritas

O casamento de Zeruia e Atronges aconteceu naquela mesma noite. Foi farto em salgados, doces, músicas, danças e cantorias. Mas não em vinho. Tanto que, após alguns brindes, os convidados perceberam que a bebida estava rareando e começaram a murmurar:

"Pobre Zeruia, casou com um homem que não dá de beber a seus amigos."

Envergonhado, Atronges segredou a Barrabás que gastara parte do dinheiro do vinho com um caríssimo afrodisíaco para a primeira noite.

"Quantos odres ainda tens lá dentro?", perguntou Barrabás.

"Não mais que o número de dedos de minha mão", respondeu Atronges.

"Não te aborreças. Hei de encontrar uma solução."

Chamando os onze à parte, Barrabás pediu que puxassem baldes de água do poço e os levassem até a despensa.

Passado um tempo, voltou à festa segurando uma taça cheia de um vinho que não era tinto, mas rosado. Depois, subiu num banco e perguntou: "Quem comprou esta bebida?"

E o marido de Zeruia, gaguejando, falou: "Eu."

"Mentiroso!", exclamou Barrabás. "Conheço os quatro cantos do mundo, da Lusitânia até a Pérsia, da Etiópia aos confins da Dácia. Sei muito bem que este vinho é feito de uvas da Gália e destina-se exclusivamente às adegas do imperador."

Sem ideia do que dizer, o noivo apenas ergueu os ombros.

Barrabás continuou: "Não queres contar como o conseguiste? Muito bem. Saiba, no entanto, que me disponho a levar vinte barricas desta maravilha para casa, e pagarei o quanto pedires."

Jeoiaquim, erguendo o braço, disse: "Não lhe dê atenção, pagar-te-ei o dobro do que ele te oferecer."

"E eu, o triplo!", gritou Gômer.

Zibeão, que era mudo, levantou quatro dedos e, um após o outro, os demais foram entrando na disputa, fazendo lances e trocando insultos. Jorão e Jotão chegaram mesmo a darem-se cabeçadas, sendo separados por Ananias.

Erguendo as mãos, Atronges falou em voz alta: "Lamento, senhores, mas meu vinho não está à venda. Paguei uma fortuna por ele com a intenção de alegrar meus convidados. Sirvam-se à vontade!"

Após ouvir isso, beberam todos do líquido rosado e comentaram entre si coisas como: "Que sabor excelente!", "Nunca provei nada igual!", "O malandro guardou o melhor para o fim!" e "Contarei este dia para os meus netos!".

Atronges ficou imensamente agradecido e, chamando o amigo de lado, perguntou: "Transformaste água em vinho?"

Ao que Barrabás respondeu: "É um milagre comum nos dias de festa."

A parábola do filho pródigo

Frio foi o amanhecer que se seguiu à noite do casamento. O sol não mostrou sua face e o vento zunia de modo a lembrar o miado das gatas no cio.

Barrabás foi o primeiro a despertar. Ainda com cabelos revoltos e cara amarrotada, dirigiu-se para a varanda enrolado numa pele de ovelha. Não demorou e, um a um, os onze juntaram-se a ele. Entre goles de leite de cabra, começaram a conversar.

"Foi muito bom encontrar todos de novo", disse Jorão.

"Pena que durou tão pouco", emendou Jotão.

"Agora cada um de nós tomará seu caminho", murmurou Jair.

"Bom mesmo era nos tempos de Atronges", falou o gigante Og com voz lacrimosa.

"Vivíamos nas cavernas feito morcegos, mas eu era mais feliz", lembrou Galal.

"Eu também", confessou Lamaque passando a mão por seus longos cabelos. "Hoje ganho a vida como pescador e não há perfume capaz de vencer o fedor do peixe."

"Sou cobrador de impostos e todos os dias agridem-me com xingamentos e cusparadas", contou Jeoiaquim.

"Corto barbas e cabelos, mas quase morro de fome porque os judeus não gostam de aparar seus pelos", lamentou Malalael entre baforadas de fumaça.

"Colho esterco para vender como adubo", queixou-se Gômer.

"Peço esmolas por conta de meu tamanho", sussurrou Ananias.

"Hmm...", grunhiu Zibeão, como que dizendo: "Pior sou eu, que nem tenho língua para esmolar."

Eis então que uma janela se abriu e, em seguida, uma voz clamou:

"Bando de bestas!"

Olhando para trás, todos viram a cabeça de Atronges no parapeito.

"Pelas sete tranças de Sansão, como podeis ser tão estúpidos? Vinde cá para dentro."

Assim que todos entraram e se sentaram, Atronges lhes disse: "Vou lhes contar uma história, e dela tirareis um importante ensinamento."

Depois de tomar um gole de vinho rosado, falou:

"Um homem tinha dois filhos. Certo dia, o mais moço deles falou: 'Pai, dá-me a parte dos bens que me cabe.' E o pai deu-lhe os haveres.

"Passadas algumas semanas, este filho mais moço, ajuntando tudo que era seu, partiu para uma terra distante.

"Lá entregou-se aos vícios e aos prazeres, e com isso dissipou todos os seus bens.

"Padeceu ele necessidade e teve que se empregar como tratador de porcos, vivendo na imundície dos estábulos e alimentando-se das alfarrobas que os animais rejeitavam.

"Mas eis que veio uma noite em que, caindo em si, ele pensou: 'Os trabalhadores de meu pai têm melhor pão e chão do que eu. Irei ter com ele e lhe direi: Pai, pequei contra o céu e diante de ti; já não sou digno de ser tratado como teu filho, mas aceita-me como um dos teus trabalhadores.'

"E, levantando-se, tomou o caminho para as terras onde nascera.

"Vinha ainda longe quando seu pai e seu irmão o avistaram, e, compadecidos, correram até ele, e o abraçaram e o beijaram.

"O filho pródigo, conforme planejara, disse: 'Pai, pequei contra o céu e diante de ti; já não sou digno de ser tratado como teu filho, mas aceita-me como um dos teus trabalhadores.'

"O pai, concordando com ele, falou: 'Seja como quiseres.'

"E o filho continuou: 'Quero que me trates como um servo, pois duro deve ser o castigo de um homem que gastou seu dinheiro com bebidas raras e comidas inigualáveis, ricos banhos e roupas luxuosas, fumos exóticos e meretrizes magníficas.'

"E o pai, interrompendo-o, perguntou: 'Magníficas, é?'

"'Sim, meu pai', continuou o filho, 'e que mulheres! Tinham belo rosto, pele morena e carnes fartas'.

"E seu irmão, que sempre vivera naquela terra e não conhecia os costumes de outros países, pediu: 'E as comidas? Conte das comidas.'

"'Contarei com saudades no peito e água na boca, pois, para quem provou daqueles pratos, a comida da nossa terra não passa de uma lavagem, e quem bebeu daqueles vinhos sabe que os nossos não passam de vinagres.'

"'E que notícias me dás do clima do tal lugar?', perguntou o pai.

"'Era sempre aprazível, nem frio demais nem quente ao extremo.'

"'E o povo de lá?', quis saber o irmão.

"'Digo que era gente festiva e de bom ânimo, enquanto a nossa é mais infeliz que Jó e mais chorosa que Jeremias.'

"'Basta!', disse o pai, lançando longe seu arado. 'Tenho trabalhado feito um burro para engordar os romanos e encher as bolsas dos sacerdotes. Eis que venderei minhas propriedades e iremos os três viver neste país encantador! Quero gozar a vida, pois sei que pouco tempo me resta sobre a terra!'

"Assim os três venderam tudo, arrumaram suas coisas e foram para o reino conhecido pelo filho pródigo, lá vivendo com fartura e prazer."

Eia!

Quando Atronges terminou de falar, Jorão perguntou: "Acho que não entendi a lição desta parábola."

Ao que Jotão completou: "Eu tenho certeza."

Atronges deu um tapa na mesa: "Será possível que não percebeis? O pai deste conto sou eu, mas faltam-me pernas para imitá-lo. Vós onze sois o filho que ficou a trabalhar, sem nunca ter tido um gosto ou um regalo na vida. Quanto a Barrabás, é o filho aventureiro que pode vos levar a conhecer lugares onde há riso e riqueza."

Todos então entenderam o sentido da história e, como que ensaiados, lançaram os olhos na direção do filho do pai de Barrabás.

"Eu?", perguntou ele com surpresa.

Atronges apontou-o com o cajado: "Sim. Só tu poderás ser o que eu fui e guiar estes homens."

"Não sei se tenho capacidade para ser o pastor deste rebanho."

"A verdade é que as ovelhas obedecem a qualquer um que fale mais alto. É ou não é?", gritou o Leão da Galileia.

"É", concordaram os onze.

"E, nestas novas andanças, quem sabe não encontrarás Maria Magdalena", acrescentou Atronges.

Aquelas palavras despertaram Barrabás como se um galo cantasse ao seu ouvido. Levantando-se, ele bradou: "Eia! Que nosso futuro imite o nosso passado. Não peçamos mais esmolas, não catemos mais esterco, não cheiremos a peixe, nem recebamos cusparadas! Somos leões ou cordeiros? Leões é o que somos! Vamos à caça dos romanos! Voltemos à nossa vida de lutas e aventuras!"

Os onze assobiaram, bateram palmas e se puseram em círculo. Depois, colocaram a mão nos testículos do companheiro da direita e juraram eterna fidelidade pela segunda vez.

Jair de Ofir, que sustentava as bolas de Barrabás, perguntou: "Qual será nosso primeiro ataque?"

E Barrabás respondeu: "Roubaremos um deus."

A furiosa história de Jair

Negro como carvão, tinha um talho no rosto, um corte na orelha, uma cicatriz na barriga e um dedo de menos. Vivia nas terras de Ofir até ser capturado e vendido a um armeiro.

Seu senhor era cruel e o açoitava por qualquer motivo. Tanto era assim que, durante uma festa, decepou-lhe um dedo apenas para mostrar aos convidados o perfeito gume de uma adaga.

Naquela noite, Jair esperou que ele dormisse e cravou-lhe no peito sua coleção de setenta e sete facas.

Evódia, a mulher de Sholnar

Depois de encherem os alforjes no paiol de Zeruia, os doze tomaram a direção de Hippos.

Lá chegando, procuraram uma tal de Evódia. Quando encontraram sua miserável habitação, Barrabás bateu à porta e uma mulher de uns cinquenta anos veio atender.

"Aqui vive Evódia, a mulher de Sholnar?"

"Por Javé, não mesmo!", ela respondeu. "Evódia morreu há muito tempo."

"Pena, porque trazia notícias de seu marido."

Ao ouvir aquilo, o semblante da mulher se transformou. Seus olhos tinham faíscas e sua língua parecia em brasas.

"Onde está aquele canalha imprestável?", ela berrou.

"Só poderia dizer a Evódia."

"Pois eu sou ela. Não vos disse logo porque os credores não me deixam em paz. E Sholnar, está aqui?", perguntou ela procurando pelo marido em meio aos homens do grupo. "Não te escondas, venha cá, seu verme! Vou te mostrar o que acontece a quem fica dois anos fora de casa! Minha mão vai inchar de tantas bofetadas que te darei!"

"Sholnar foi enforcado pelos romanos", contou Barrabás.

A mulher parou naquele mesmo instante. Sentou-se no chão, lançou areia sobre a cabeça e seus gemidos se derramaram como água.

Com sinceridade, ela dizia entre soluços: "Sholnar, meu marido, Sholnar, meu amado... De que me vale viver sem ti? Deus, mata-me neste instante, que daqui para a frente minha vida será apenas solidão e desespero."

O grupo levou Evódia para dentro da casa e Gômer deu--lhe um pouco de vinho, com o que a viúva se acalmou.

"Estive preso com Sholnar", disse Barrabás, "e ele me contou de vosso plano para um grande assalto".

"Que assalto?", perguntou ela fingindo surpresa.

"Atrás das grades, os homens não têm segredos."

Evódia bebeu um pouco mais de vinho e falou: "Sholnar trabalhava como lustrador de estátuas no Templo de Vênus e eu na limpeza da cloaca da cidade. Um dia, reclamando de nossos serviços, descobrimos que uma das vias de esgoto passava bem embaixo da sala de oferendas do Templo. Sholnar estava planejando o assalto quando foi preso porque se pendurou nos braços da estátua da deusa e quebrou-os. Ah, que saudade daquele beberrão..."

"Pois bem, queremos realizar o tal assalto em homenagem a ele. Terias tu um mapa dos esgotos?"

"Sim."

"Onde ele está?"

"Aqui", disse Evódia apontando para sua cabeça.

Na cloaca de Vênus

Era por volta da hora sexta quando os doze e a mulher respiraram fundo e se meteram no fedentíssimo buraco que dava entrada à cloaca da cidade. Era ele de pequenas proporções: tinha quatro palmos de largura e seis de altura.

Evódia ia à frente, guiando-os sobre um riacho castanho que lhes cobria os pés. Os homens andavam curvados, com exceção de Ananias, que seguia em pé, e de Og, que engatinhava.

Mal chegaram a dar dez passos e a luz do dia converteu-se no mais denso negrume, de maneira que um homem, fazendo-se vesgo, não enxergaria o próprio nariz.

Este era o plano de Barrabás: andar até debaixo da Sala das Oferendas e, depois de remover uma grade, entrar em seu interior. Uma vez ali, só precisariam carregar as riquezas, voltando pelo mesmo caminho.

Passado um tanto de caminhada, perguntou Barrabás a Evódia: "Estamos perto?"

E ela respondeu: "É logo adiante, acima daquele ralo."

Olhando ao longe, Barrabás viu uma tímida luz entrando pelo teto da cloaca. Então começaram a ouvir um barulho como o de um rio.

"Diabos!, abriram as comportas", disse Evódia.

"Que comportas?", perguntou Barrabás.

"Do esgoto da cidade. Segurem-se."

Mal ela terminou de falar e chegou até eles um enxurro marrom que lhes bateu primeiro na altura das coxas, depois cobriu-lhes os umbigos e por fim subiu-lhes aos peitos. Eles seguraram-se uns nos outros para não serem levados pelo jorro. O fétido líquido respingava para todos os lados, empapando seus rostos e cabelos. Evódia, desesperada, gritava:

"Javé, salva-me e te darei tudo que tenho!"

Por longos minutos lutaram contra aquela correnteza, até que a força das águas amainou e eles puderam seguir adiante.

Andaram a distância de uma vara* e finalmente chegaram ao ralo.

Og, usando de sua força, arrancou a grade e Barrabás subiu para a Sala das Oferendas.

Para sua surpresa, havia ali um guarda, que, desembainhando a espada, gritou:

"Vais morrer, filho de uma rameira!"

Mas eis que em seguida subiram pelo buraco o negro Jair, o tatuado Galal, o anão Ananias, o desgrenhado Malalael, Jeoiaquim, Zibeão, os gêmeos Jorão e Jotão, Lamaque com seus longos cabelos, o gordo Gômer, Evódia e o gigante Og.

Diante dessa legião, o guarda arregalou os olhos como se estivesse a ver demônios subindo das profundezas e suplicou:

"Poupem minha vida, filhos de Isr..."

---

* Aproximadamente 25 metros.

No momento seguinte, os treze pegaram tudo o que podiam: moedas, taças, armas e joias, e saíram pelo buraco por onde entraram.

Depois foram até a casa de Evódia e fizeram a partilha dos bens.

Lá, disse Barrabás: "Como tu e teu finado marido tivestes a ideia deste assalto, é justo que fiques com metade de tudo."

Com sua parte do butim, Barrabás e os seus compraram uma tenda grande e muniram-se de alimentos, pois tinham a ideia de andar pelo país.

Evódia, derramando lágrimas, doou tudo o que lhe coube ao Templo de Jerusalém.

Imitatis imitandis

Depois do assalto em Hippos, outros êxitos se seguiram. Com isso a fama do grupo se espalhou e as crianças de Israel começaram a imitá-los em suas brincadeiras.

Os mais fortes se faziam passar pelo gigante Og, enquanto os miúdos queriam ser Ananias. Os rotundos pediam para ser chamados de Gômer e os calados, de Zibeão. Uns se tisnavam para tornarem-se negros como Jair e outros desenhavam animais na própria pele como Galal.

Até mesmo meninas participavam, fazendo as vezes de Lamaque com seus cabelos longos e corredios.

Mas o papel mais disputado era, sem dúvida, o de líder dos rebeldes. Para isso, os meninos roubavam tintura de hena das suas mães e a passavam nos cabelos, deixando-os da cor do cobre.

Eis alguns dos feitos que os pequenos copiavam:

* certa vez, Barrabás e os seus surrupiaram os mapas do centurião Gaudêncio e os trocaram por outros falsos. Assim, uma tropa que ia atacar rebeldes em Itabyrium acabou morrendo de fome, sede e calor num deserto da Arábia Feliz;

* doutra feita, disfarçaram-se de açougueiros e entraram no estábulo real, onde passaram fuligem ao redor dos olhos dos bois. Achando que a peste atacara as reses, os romanos as jogaram fora e o povo de Gaza fez uma grande comilança;

* quando do encontro anual dos publicanos, invadiram as termas em que estes confraternizavam, roubando suas roupas e pertences. Depois atearam fogo em tudo, com o que os cobradores de impostos tiveram que sair nus à rua;

* no último dia da Festa dos Tabernáculos roubaram o estandarte dourado da águia romana. Com a ajuda de um ferreiro, derreteram-na e a modelaram na aparência de um amontoado de fezes;

* e também ficou famosa a operação em Maon, quando raptaram os bilheteiros da arena de gladiadores, puseram-se em seus lugares e fugiram com a renda.

Vulgívaga!

Quando não estava atacando os romanos, o grupo de Barrabás perambulava pelos caminhos do país, sem rumo definido ou destino a alcançar.

Viviam expostos ao sol, ao vento e à neve. Mesmo assim, pareciam felizes como lebres que saem de suas tocas depois de uma semana de chuva.

No campo, alimentavam-se com frutos ou com alguma caça que a sorte lhes oferecia. Vinda a noite, sentavam-se em torno do fogo e entoavam canções jocosas.

Sendo homens, era natural que volta e meia quisessem lançar fora suas sementes. Na maior parte das vezes isto se resolvia à maneira de Onã. Mas, quando tinham dinheiro, iam à casa de alguma viúva de estrada, senhoras que, sem ter mais quem as sustentasse, mudavam-se para perto dos caminhos movimentados, acendiam um candeeiro à porta e lá ganhavam a vida matando a fome dos viajantes, fosse ela de sombra, comida, água ou mulher.

Certa vez bateram às portas de uma viúva de nome Raabe, que já ia pelos trinta anos mas ainda possuía certa beleza, e por isso todos quiseram servir-se dela. Aliás, todos não, pois Barrabás disse que só se deitaria com uma mulher em toda a sua vida, e Lamaque, com nenhuma.

Dizendo-se farta de ser enganada por viajantes inescrupulosos, Raabe exigiu o pagamento adiantado de uma dracma por cliente. Ananias tentou dar-lhe apenas a metade por conta de seu tamanho, mas ela falou que só aceitaria meia dracma se ele tivesse um membro muito pequeno. Então o menor dos onze, fazendo ares de presumido, fez questão de lhe pagar duas moedas.

Lançaram-se os dados para ver quem seria o primeiro, e os homens começaram a ir, um de cada vez, ao quarto da mulher.

Alguns demoravam-se pouco e outros ainda menos, sempre voltando de lá com ar abatido.

O último a entrar foi Jeoiaquim. Tão logo ele moveu a cortina, Raabe levou a mão ao peito nu e falou com voz chorosa:

"Céus, como tu te pareces com meu falecido esposo!"

Ele ficou desconcertado ao ouvir aquilo e Raabe teve que puxá-lo até a esteira. Lá chegando, começou a acariciar-lhe o rosto enquanto contava a história de seu marido:

"Eleazar era pastor de ovelhas. Um dia, tendo voltado do campo, olhou para mim com um riso no canto da boca e disse: 'Gozemos as delícias da vida.' Comecei a despi-lo, assim como estou a fazer contigo agora, e vi suas partes enrijecerem. Dei-lhe um beijo na testa, igual a este que acabo de te dar, e ele enrubesceu como tu. Daí deitei-me na esteira e falei com voz sussurrada: 'Vem, façamos como se fosse a última vez!' Naquele momento, seus olhos se esbugalharam, ele começou a tremer e caiu sobre mim como um saco de cebolas. Estava morto. Oh, queira Javé que tal cena não se repita, pois eu me sentiria a mais amaldiçoada das mulheres se recebesse outra visita da morte."

Então ela se deitou e disse: "Agora vem. Façamos como se fosse a última vez!"

III

Jeoiaquim levantou-se, colocou sua túnica apressadamente e, depois de desejar longa vida à viúva, voltou para junto dos amigos.

No dia seguinte, quando dividiam uma galinha a milhas dali, Ananias soltou um suspiro e confessou: "Amigos, tenho que lhes dizer que não conheci a pobre Raabe, pois ela falou que eu era parecido com seu defunto marido."

"Tu também?", perguntou Og, o gigante.

"Não é possível", espantou-se o negro Jair. "Como poderá um homem ser ao mesmo tempo parecido com Ananias, com Og e comigo?"

E Galal continuou: "Perdi as vontades quando ela contou que Eleazar era tatuado."

"E eu quando me farejou dos pés à cabeça, afirmando que o falecido também cheirava a fumo", lamentou Malalael.

"Jurou que devia ser nosso irmão", ecoaram Jorão e Jotão.

"Fomos ludibriados", lamentou Gômer.

"Vulgívaga!", esbravejou Jeoiaquim.

A capciosa história de Jeoiaquim

Jeoiaquim era filho do matador de ratos da biblioteca de Golã. Como sempre acompanhava seu pai, acabou por aprender trinta e três línguas, obteve o registro de gramático e tornou-se escriba oficial do praefectus Coponius.

Viveu feliz até o dia em que teve que ir à capital do império, onde seu senhor iria prestar contas a Tibério César.

Querendo impressioná-lo, Coponius obrigou Jeoiaquim a fazer incontáveis revisões em seu discurso. Após dez noites sem dormir, ele concluiu sua obra, que terminava com uma frase lapidar: "Tibério César, vós sois o cúmulo de Roma."

Porém, na hora de redigir a versão final, o cansaço levou Jeoiaquim a escrever a palavra *culus* em lugar de *cumulus*.

Escapou da morte metendo-se num barco que ia para Tiro.

Os sátiros

Iam Barrabás e os seus pelo vale de Jezreel quando viram ao longe uma carroça quebrada. Os ocupantes tentavam consertar uma roda, mas mostravam tal inabilidade, deixando-a cair, dando cabeçadas entre si e largando ferramentas uns nos pés dos outros, que quem os visse não conseguiria conter o riso.

Aproximando-se, disse Barrabás: "Certamente não sois homens que trabalham com as mãos."

"Felizmente não", falou, com sotaque grego, o líder dos da carroça. "Somos cômicos e nada entendemos de rodas e eixos. Poderíeis nos ajudar?"

"Com prazer."

Logo os salteadores puseram-se a socorrer os saltimbancos, que eram seis ou sete. Enquanto Og levantava a carroça para que encaixassem a roda, tombaram de seu interior umas estranhas roupas.

"Que são estas vestes peludas?", perguntou Barrabás. "Fantasias de bodes?"

"Quase. É que estamos a caminho da Fortaleza de Esdrelon, onde representaremos o papel de sátiros numa bacanal. Uma vez por ano, o general faz esta comemoração com seus oficiais. É coisa proibida, mas, como dizem os romanos: longe de Roma, longe da lei."

Ao ouvir aquilo, Barrabás teve uma ideia e deu um soco no grego. Os onze, como bons comandados, não fizeram perguntas e também passaram a surrar os atores até que todos estivessem caídos, com os rostos inchados e vermelhos.

Do chão, o grego reclamou: "Por que fizeste isto? Viste alguma de nossas peças?"

Desembainhando sua faca, falou Barrabás: "Voltai por onde viestes. A carroça e seus pertences ficam conosco."

Os gregos levantaram-se, bateram a poeira das roupas e foram-se dali, resmungando da má sina que é ser humorista num mundo de maus humores.

Prepúcios

A Fortaleza de Esdrelon era conhecida como A Virgem Inexpugnável, pois o inimigo jamais havia penetrado por entre suas portas. Um fosso cercava toda a construção, seus muros de arenito vermelho tinham quatro côvados de grossura e ali nunca havia menos do que trezentos soldados escolhidos entre os mais ferozes do império. Atacá-la era prova de loucura, mas o plano de Barrabás se apoiava mais na farsa que na força.

E aconteceu que, no começo daquela tarde, o sentinela da fortaleza tocou o clarim avisando que uma comitiva apontava no horizonte.

O general subiu até o torreão e gritou: "São os saltimbancos, abram o portão!"

Entraram por ele um homem que tangia o saltério, outro batendo tambor, um negro que jogava facas para o alto, dois gêmeos fazendo malabarismos com fogo, um anão que dava piruetas e seis saltitantes sátiros, com os dorsos nus e as pernas cobertas por calças peludas.

E assim, cantando, dançando e fazendo tontices, os doze invadiram a fortaleza mais inviolável de Israel.

"Evoé!", exclamou o alegre comandante, já com a língua um tanto embaralhada pelo vinho. "Eu, Valerius Gratus, os recebo de coração aberto."

Eles caminharam sobre um piso de pedras de basalto preto até chegar à construção principal, no centro da fortaleza. Era uma luxuosa caserna, onde ficavam os romanos de maior patente. Lá dentro, passando por uma cortina de contas coloridas, chegaram a uma sala dourada.

Havia ali uma mesa com azeites, molhos da mais rica extração, cachos de uvas, abóboras, maçãs, nozes, cidras e pães feitos com trigo joeirado. Mais à frente via-se uma estátua de Baco, de cujo imponente falo jorrava uma torrente de vinho.

Ao pé da estátua havia um tanque de água tépida, onde duas dúzias de bacantes banhavam-se nuas como Eva antes da queda. Entre elas, nadando feito peixes, contava-se algo como quinze oficiais romanos.

Tudo eram gargalhadas e carícias indecentes.

Ajoelhando diante da estátua de Baco, Valerius Gratus falou: "Vinde, provai da seiva do filho de Júpiter e Semele."

Barrabás e os onze não se fizeram de rogados: apanharam canecas e beberam à larga.

O general tirou seu capacete, sua armadura de escamas metálicas, seu cinto com a espada, desamarrou as sandálias e, quando estava nu em pelo, mergulhou nas águas. De lá, gritou: "Alegrai nossa festa, sátiros!"

Os doze começaram a fazer micagens em volta do tanque, a tocar músicas e a dançar. Entre um salto e outro, Barrabás cochichou ao ouvido de Ananias:

"Quando não estiverem olhando, despeja o veneno no vinho."

O pequeno, esgueirando-se atrás do gordo Gômer, do alto Galal e do portentoso Og, conseguiu derramar um pó cinzento no reservatório de onde saía o vinho para o cano do deus pagão.

Por um tempo tudo continuou em alegrias e gozos, folguedo e lascívia, mas logo alguns dos convivas começaram a sentir enjoos.

Valerius Gratus pensou que fossem apenas os efeitos da embriaguez e continuou com suas momices, tanto que segurou as peludas calças de Barrabás e disse: "Vamos ver se teu cetro é maior que o de Baco." E, num rápido movimento, puxou-as para baixo.

Imediatamente todos fizeram silêncio. Não porque o órgão de Barrabás fosse maior que o de Baco, mas por ser ele circuncidado.

Gritou o general: "Judeus? Que audácia, que atrevimento!"

Valerius Gratus abriu a boca para chamar os guardas, mas o pé de Barrabás foi mais rápido que sua garganta, dando-lhe um chute que fez voarem-lhe alguns dentes. Então os sátiros transformaram-se em titãs e distribuíram golpes para todos os lados, fugindo da grande sala e deixando os romanos caídos, uns pelas pancadas, outros pelo veneno.

Lá fora, contudo, não poderiam enfrentar trezentos guardas bem armados. Foi quando Jeoiaquim disse na língua dos romanos: "Rápido, abri a porta! Valerius Gratus ordena que busquemos mais bacantes!"

Mal o portão se fechou atrás dos sátiros e alguns oficiais saíram da sala sujos de vômito e sangue.

Aquilo causou grande perplexidade entre os soldados, pois ficaram indecisos entre correr atrás dos sátiros e socorrer seus superiores.

Depois de algumas ordens e contraordens, fizeram uns uma coisa e outros, outra.

Em nome do barro

Os doze espalharam-se pelas ruas de Esdrelon como caranguejos quando saem do mar. Por sorte era dia de feira e a cidade estava tomada de gente, com atropelo e bulha por todos os cantos, o que dificultava o trabalho dos que tinham que achar e facilitava o dos que tinham que fugir.

Logo Barrabás chegou a uma parte remota da cidade, onde rareavam as ruas cascalhadas. Sem ser visto, desfez-se de suas pernas de bode e roubou uma túnica que secava ao sol.

Enquanto ia na direção de uma bica, ele pensou que a vida é como as terras de Israel: há os tempos de deserto, em que nada acontece; há momentos de planície, em que tudo é calmo e tranquilo; há horas que são como morros suaves, com subidas e descidas que mal percebemos; e há dias de montanha, em que é preciso escalar pedras para se chegar ao cume.

Tinha ele esses pensamentos relevantes quando tropeçou e caiu num lamaçal, tornando-se ocre feito esterco de camelo.

Riram de seu tombo as pessoas que estavam na bica e, chegando mais perto, formaram uma roda de escarnecedores, dizendo coisas como "Vejam, um porco na lama" e "Chafurda, animal!".

Barrabás só não os amaldiçoou porque viu que dois soldados romanos se aproximavam.

Percebendo que a morte era certa, ele abriu os braços e lamentou: "O barro será meu túmulo."

Mas eis que, ao ouvir aquela frase, as pessoas não só pararam de rir, como começaram a falar entre si: "Há verdade nestas palavras!" e "Este homem deve ser um profeta".

Por sua vez, os guardas, sem reconhecer seu rosto enlameado, ficaram observando a distância.

"Que mais tens a nos dizer, rabi?", perguntou uma velha.

Percebendo que os ouvidos do povo e os olhos dos soldados esperavam uma resposta, Barrabás encheu as mãos de barro, olhou para o céu tal qual João Batista e disse:

"Quem tiver ouvidos para ouvir, que ouça: o barro foi o princípio da vida, com Adão. Mas eu vos digo: ele é também o fim, o destino de todos nós. Viemos do barro e ao barro voltaremos."

Os homens concordaram com a cabeça, as mulheres sussurraram aprovações.

Lambuzando ainda mais seu rosto, Barrabás continuou: "Poderia Adão ter sido feito do ferro? Poderia. Poderia ter sido feito de ouro? Poderia. Mas ele foi feito de ferro ou de ouro? Não, ele não foi. Recolhe-te, ferro, à tua penúria! Ouro, cobre tua cabeça envergonhada! Sim, porque o homem não foi feito de ferro ou de ouro, mas de barro!"

Lá no fundo uma criança bateu palmas e alguns homens deram vivas. Uma lavadeira, porém, mandou que se aquietassem, pois não queria perder um único suspiro daquele sábio.

E Barrabás, emplastrando os cabelos de lama, continuou: "O barro faz obras para que as olhemos, faz pratos para que comamos, faz canecas para que bebamos, faz até casas para que vivamos dentro delas. Tudo vem do barro. De barro somos feitos e barro fazemos. Por isso, quanto mais o homem se afundar no barro, mais será o que é."

Enquanto ele pregava, um soldado perguntou ao outro: "Não será esse o homem que procuramos?"

"Não creio. A barba deste parece mais longa."

"Pode ser por causa do barro."

"É verdade. Vamos chegar mais perto para vê-lo melhor."

Porém, antes que se aproximassem, um dos do povo começou a tremer. Seus olhos reviraram, sua língua enrolou e ele começou a soltar uma baba branca como a de um boi ferido.

"Jefté foi possuído por demônios", gritou a lavadeira, "e desta vez parece que são muitos".

Chacoalhando-se todo, o possesso ia em direção a Barrabás. Este, sem hesitação, tomou o cajado de um pastor e deu com ele na testa do homem.

"Oh!", suspiraram longamente os presentes.

O endemoniado recuou uns passos, bambeou para um lado, bambeou para o outro e caiu. O silêncio que tomou conta do lugar era tão grande que se podia ouvir o ruído de minhocas a revolver a terra. Como o homem não movia um músculo, a turba começou a murmurar:

"Ele matou Jefté!"

"É um assassino!"

"Vamos linchá-lo!"

Mas, passado o tempo de se contar até três, o possesso se sacudiu num espasmo.

Mais um tanto e abriu os olhos.

Por fim, tossiu algumas vezes e falou com voz rouca:

"Estou curado!"

Barrabás, apontando para o talho na cabeça do homem, disse: "Por este buraco fiz saírem os demônios que o atormentavam."

Outro longo "oh" soltou o povaréu.

Erguendo-se, Jefté pôs-se ao lado de Barrabás e começou a falar assim:

"Desde pequeno sofro ataques de demônios e já tinha feito de tudo para deles me livrar. Deixei brilhantes no altar de Ishtar, a deusa resplandecente; dei uma ferradura de ouro para Mullo, o asno celestial; doei roupas da mais rica seda aos sacerdotes de Sin, o deus-lua; comprei uma casa aos sálios de Marte, que por isso besuntaram-me de sangue, mas de nada adiantou e foi um custo livrar-me daquele cheiro; um sacerdote baalista mergulhou-me num caldeirão fervente de urina de virgens; falóforos serviram-me um membro de bode que custou uma vintena de camelos e só me fez vomitar; e isso sem falar nos muitos curandeiros de estrada, que também nada adiantaram mas, pelo menos, eram baratos. Só este homem conseguiu expulsar os maus espíritos que me habitavam. Viva o profeta do barro!"

Uma gritaria explodiu no ar, assustando os cães e fazendo os pardais baterem em revoada. Não demorou um instante e toda aquela gente lançou-se aos pés de Barrabás, suplicando por sua bênção.

Ele sorriu, mostrando os brancos dentes por entre a lama: "Pois, se crerdes em mim, eu vos batizarei."

Logo se organizou uma fila em frente ao lodaçal e o mestre passou a mergulhar o rosto dos fiéis numa poça, dizendo: "Eu te abençoo em nome do barro, do lodo e da lama, amém."

Os dois guardas, convencidos de que aquele não era o homem que procuravam, foram-se dali.

Os batismos continuaram até o cair da noite, quando então, preocupado com seus amigos, Barrabás tomou o rumo da cidade.

Porém, alguém o seguia. Esquina trás esquina, ruela trás ruela, um vulto esgueirava-se em seu encalço.

O vulto

Ao perceber que pisavam em suas pegadas, Barrabás apertou o passo e tentou fugir. Todavia, por não conhecer o traçado das ruas, acabou enveredando por uma viela sem saída.

Quando o perseguidor surgiu à entrada do beco, julgou Barrabás que era chegada a sua hora. Exausto, fechou os olhos e ficou à espera do golpe fatal.

O vulto ergueu o braço, mas não o atacou. Antes, fez sinal para que o seguisse. Como Barrabás não tinha para onde ir, tomou por bem obedecer, e assim saíram os dois a andar pelos escuros caminhos de Esdrelon.

Logo chegaram a uma casa com paredes de pedras amarelas e porta pintada de azul. Mal esta foi fechada e o vulto tirou os panos que lhe cobriam a cabeça.

Foi como se nuvens se abrissem e pela janela entrasse um facho de luz.

Era uma mulher. A mais bela que ele já havia visto: seus olhos tinham a forma das amêndoas e a cor das esmeraldas, seus cabelos eram encaracolados como as ondas do mar e ela possuía uma pinta no canto direito da boca.

Ao vê-la, sussurrou Barrabás: "Maria Magdalena..."

O amor, que não se sabe se foi criado por Javé ou pelos demônios, é um sentimento que às vezes parece morto, mas apenas descansa. É como um vulcão que parecia estar apagado, mas de repente cospe ondas de lava. É como um nariz entupido, que parece nem respirar, mas subitamente lança cataratas de gosma.

Pois ondas de sentimento e cataratas de emoções rebentaram no peito de Barrabás quando ele reviu aquela que tinha sido seu primeiro e único amor. Ela, no entanto, não o reconheceu de imediato:

"Como adivinhaste meu nome?"

"Também sabes o meu."

"Sei?"

"Lava-me o rosto."

Maria Magdalena pegou duma bacia d'água e começou a tirar-lhe a lama. Primeiro limpou sua barba, depois seus olhos e, por fim, sua boca.

Ela não conseguiu dizer palavra quando reconheceu o homem que supunha morto há muitos anos. Apenas ficou a olhar para ele, passando os dedos sobre sua testa, seu nariz e seu queixo, ora lembrando, ora estranhando suas feições, até que finalmente murmurou:

"Barrabás..."

"Sim, sou eu."

"Ressuscitaste?"

"Nunca morri."

Mancos, zarolhos e desdentados

Sete vezes Barrabás despertou naquela noite. Uma para urinar, seis para contemplar Maria Magdalena.

Já quase rompia a manhã quando fez isso pela última vez.

Passou-lhe a mão pelos cabelos e seguiu, com o olhar, a linha perfeita dos ombros. Como podia estar ainda mais bela que antes? Acariciou de leve os seus mamilos e, descendo com a ponta do dedo, fez círculos em torno do umbigo. Onde encontrarei curvas mais belas?, perguntou-se ao admirar-lhe a grossura das coxas e o desenho da panturrilha. Virando-se na esteira de cabeça para baixo, deu-lhe um beijo em cada um dos pequeninos pés e os fez de travesseiro. Então suas pálpebras começaram a pesar e ele dormiu.

O certo seria que, ao fim de tão deleitosa noite, Barrabás e Maria Magdalena fossem acordados pelo canto dos pássaros ou pelo murmúrio das fontes. Mas foi um grito que acabou com seus sonhos:

"Malditos!"

Os dois levantaram-se num salto e viram um homem parado sob o batente. Tinha ódio nos olhos e um porrete na mão.

"Mulher, por que me coroaste com a infâmia?", esbravejou ele batendo com o bastão na porta.

"Quem é ele?", perguntou Barrabás a Maria Magdalena.

O próprio homem respondeu, dizendo: "Sou o rabi Caleb, seu desonrado esposo."

"Por que não me disseste que eras casada?"

"Pensei que ele não voltaria tão cedo."

"Não queria deixar-te mais tempo sozinha e encurtei a viagem", explicou o marido. "Mas eis que a recompensa pelo meu zelo foi saber que sou traído."

"Se há algum traído, sou eu", disse Barrabás tomando a mão de Maria Magdalena. "Pois antes de ser tua, ela foi minha."

"Antes de ser minha, ela foi de muitos."

"Mentes, cão!", protestou Barrabás.

"Minto? Conta-lhe quantos adoraste, mulher. Anda!"

Baixando a cabeça, ela disse: "Fugi da casa de meu pai para seguir Teúdas de Emaús, que dizia que devíamos voltar a viver como nos dias do Paraíso, e por isso conversava com os animais e jamais usava roupas. Deixei de ser sua discípula quando conheci Naás de Naasson, que considerava o rio Jarmuque sagrado e vivia dentro de uma tina com sua água. Depois vieram Ofídias, o profeta das cobras, que pregava enrolado em serpentes, Mitilene de Tebas, que dizia 'Conhece-te a ti mesmo', e andava com um espelho pendurado no pescoço, e Roboão de Sichar, que falava que seu enorme membro operava milagres, e por isso enfeitava-o com sete anéis e cobrava um ceitil de quem o quisesse tocar. Por fim, conheci Caleb, que me apresentou Javé, o deus único."

"Seguiste a tantos assim?", perguntou Barrabás.

"Acreditei em todos eles. Mas agora sei que estava errada. Agora sei que tu és aquele que deveria chegar."

E, dizendo isso, ajoelhou-se e beijou os pés de Barrabás.

"Basta!", bradou Caleb. "É chegada a hora de recuperar minha honra."

"Se queres, esbofeteia-me, mas não toques nela", propôs Barrabás pondo-se à frente de Maria.

"Bofetadas? Minha fome de vingança não será satisfeita com migalhas", rosnou Caleb. Depois, abriu a janela e pôs-se a gritar: "Vinde, vinde, oh, justos! Temos dois pecadores para apedrejar!"

Não demorou um nada e alguns vizinhos entraram pela casa, tomando os dois amantes pelos braços. À medida que avançavam pelas ruas da cidade, mais gente se juntava à turba e logo uma pequena multidão passou a segui-los.

Os onze, que ainda estavam espalhados pelos cantos de Esdrelon, logo ouviram a gritaria e se juntaram ao grupo. Porém, quando perceberam que os pecadores eram Barrabás e Maria Magdalena, deixaram suas pedras caírem ao chão.

"Temos que fazer algo", disse Ananias.

"Nada podemos contra tantos", ponderou Gômer.

Subindo num barril, Caleb falou: "Minha esposa e este fornicador foram achados em adultério. E a Lei diz: 'Aquele que se deitar com a mulher do seu próximo será morto, tanto o homem como a mulher.' Pois se assim está escrito, assim será!"

Já se erguiam os braços dos homens quando Barrabás gritou "Esperai!"; e, com voz trêmula, pediu à multidão: "Antes que atireis a primeira pedra, gostaria de falar minhas últimas palavras."

Como aquilo não constava nos ensinamentos da Torá, todos os olhos se voltaram para Caleb, que, um tanto incomodado, sentenciou: "Está bem. Não quero que me tomem por impiedoso. Dize algo antes que o apedrejemos até a morte."

Então falou Barrabás: "Irmãos israelitas, pode o dia censurar a luz? Pode a noite punir a treva?"

Os homens coçaram suas cabeças, cofiaram suas barbas e murmuraram uns com os outros até que um deles, que tinha um olho de cada cor, disse: "Creio que não sabemos a resposta."

"Pois ela é não", explicou Barrabás. "O dia não pode censurar a luz e a noite não pode punir a treva, porque dia e luz, noite e treva são irmãos. Entendestes?"

Depois de olhar para os dedos dos pés por um tempo, o mesmo homem falou: "Senhor, somos rudes e não alcançamos raciocínios sutis. Poderias usar palavras mais simples?"

"Sim, vos explicarei de um modo tão chão que até o mais bruto de vós entenderá", disse Barrabás enquanto andava de um lado a outro, como se estivesse em busca de um pensamento. De repente, estancou e perguntou: "Por acaso, algum dentre vós já cometeu adultério?"

Passou-se um longo instante. Cada um olhava de esguelha para os outros, até que um moço, timidamente, ergueu o dedo.

Em seguida, lá no fundo, outros dois homens o imitaram. E assim outro, outro e mais outro, e por fim cresceu a coisa a tal ponto que todos tinham as mãos levantadas, até mesmo Caleb.

Ao ver aquilo, Barrabás mirou os homens e clamou: "Oh, horror! Oh, vergonha! Quem és tu, oh, nódoa, para castigares a mancha? Em verdade, em verdade vos digo: antes de atirardes a pedra nos pecadores que estão à vossa frente, deveis atirá-la nos que estão ao vosso lado, pois o maior pecado é o que está mais perto de nós!"

Os homens consideraram que havia sabedoria naquelas palavras e começaram a atirar pedras uns nos outros. E o fizeram com tal fé, fervor e fúria que, ao cabo de poucos instantes, muitos estavam mancos, zarolhos ou desdentados.

Collyrium

Aproveitando-se da confusão, Barrabás tomou Maria Magdalena pelo braço e ambos fugiram dali. Os onze, vendo-os escapar, saíram a correr atrás deles. Duas milhas depois, entraram numa gruta chamada Abba Ahava. Lá chegando, caíram no chão ofegantes.

Quando seus corações finalmente pararam de galopar, Maria Magdalena foi cercada pelos velhos amigos.

Galal ergueu-a acima de sua cabeça e Og balançou-a de um lado a outro como se fora uma criança de colo.

Jorão beijou sua mão direita e Jotão, a esquerda.

Jeoiaquim deu-lhe um abraço longo e apertado, enquanto Lamaque, enternecido, falava em falsete: "Minha irmãzinha, minha irmãzinha!"

Malalael deu pulos de alegria e Gômer ofereceu-lhe um figo que havia roubado no mercado.

Jair cortou uma mecha de seus cabelos e a guardou no alforje, ao mesmo tempo que Zibeão murmurava com júbilo: "Hmm!"

Mas quem arrancou mais risos de todos foi Ananias, que pôs um pano sobre a cabeça e passou a imitar os modos de Maria Magdalena quando criança.

Passado este momento de regozijo, foi ela até perto daquele que a amava. Os onze fizeram silêncio e ficaram à espera do que estava por vir.

Ela ajoelhou-se aos pés de Barrabás e disse: "Quero ser tua..."

Os olhos de Barrabás umedeceram-se.

"... discípula."

Os olhos de Barrabás arregalaram-se:

"Discípula?"

"Sim. Quero ser uma seguidora do profeta do barro."

"Não sou profeta, sou um homem comum."

"Se fosses um homem comum, jamais te dirias comum, posto que o comum dos homens é dizer-se incomum."

Ao perceber que o juízo de Maria Magdalena estava tortuoso, Barrabás lançou um olhar pedindo socorro a seus amigos. De nada adiantou isso, pois Galal fixou seus olhos no chão e Ananias nas nuvens; Jeoiaquim desviou a vista para a direita e Malalael para a esquerda. Lamaque cerrou as pálpebras e Jorão e Jotão olharam-se um ao outro. Jair mirou a ponta de seu nariz e Gômer contemplou a curva de sua barriga. Og enxugou uma lágrima e Zibeão tirou um tanto de remela dos olhos.

Vendo-se só, ele continuou: "Crês mesmo que eu seja um escolhido, um homem poderoso, um profeta?"

"Tenho certeza."

"E o que pretendes fazer sendo minha discípula?"

"Quero te venerar, obedecer a cada ordem tua e dar-te todas as alegrias que quiseres."

Um lume rebrilhou nos olhos de Barrabás. Depois do tempo de um pensamento, ele estendeu a mão para sua amada e disse:

"Segue-me."

O milagre do bordel

Tantas coisas suas bocas tinham para contar, que Maria Magdalena e Barrabás passaram três dias e três noites em sua tenda. Só saíam de vez em quando para lavar-se no riacho.

Na quarta manhã, porém, quando Barrabás quis forrar o estômago com algumas tâmaras, seus homens lhe disseram que não havia mais alimento que comer.

"Nada?"

"Nem mesmo uma galinha", disse Galal apontando uma tatuagem daquela ave em seu ombro.

"Por que não comprastes alguma coisa?", perguntou Barrabás.

"Porque as moedas também acabaram", explicou Jair.

"Antes de encontrarmos Maria Magdalena, o plano era assaltar Quintus Julius em Azoto", lembrou Ananias.

"Sim, é verdade. Mas ela pensa que sou um profeta ou algo parecido, e prefiro morrer a contrariar seus desejos."

Neste instante, Maria Magdalena saiu espreguiçando-se da tenda e disse: "Céus, despertei com tanto apetite que poderia comer um cordeiro!"

Para a amada de seus amores, Barrabás era mais extremoso que um leão com seus filhotes. Se ela se queixasse de frio, ele arrancaria a pele de cem camelos; se quisesse leite, ordenharia um rebanho de vacas.

Por isso, duas horas depois o bando entrava pelas portas de Azoto. Ali residia Quintus Julius Frontinus, construtor responsável pelos aquedutos que estavam a se espalhar por Israel.

Era ele conhecido por três motivos: o primeiro, ser muito rico; o segundo, usar o flagrum sem piedade em seus trabalhadores; e o terceiro, frequentar assiduamente um bordel. Mas não um dos comuns, e sim o Lupanarium Graecus, onde iam os homens que seguiam os costumes de Sodoma.

A intenção de Barrabás era tomar o lugar dos funcionários do bordel, imobilizar Quintus Julius, açoitá-lo e esvaziar-lhe a bolsa.

Tendo que afastar Maria Magdalena por algumas horas, pediu a ela que fosse procurar uma estalagem de bom preço. Para que não desconfiasse de nada, explicou que, enquanto isso, ele e os demais iriam até o Lupanarium para anunciar o barro sagrado.

Era por volta da hora sexta quando o grupo entrou pelas portas alaranjadas do bordel. Sem dificuldade dominaram os cinco prostitutos que ali trabalhavam, trancando-os num quarto. Depois ficaram à espera do romano, que pouco demorou, pois era sempre o primeiro a chegar.

"Salve, Quintus Julius Frontinus", disse Barrabás curvando-se numa reverência.

"Quem és tu?"

"Sou aquele que te levará ao caminho das delícias."

"Onde está Zorba?"

"Viajou, mas deixou-me encarregado de suas tarefas."

Dizendo isso, Barrabás tomou o romano pela mão e o levou a um cômodo decorado com pequenas estátuas de Príapo, o deus de falo descomunal.

Quando Quintus Julius se despiu e deitou-se de bruços, Barrabás ordenou: "Jorão, segure o braço direito deste homem. Jotão, cuide do esquerdo. Og ficará com uma perna e Lamaque com a outra."

"É mesmo necessário tudo isso?", perguntou Quintus Julius, admirado.

"Os homens costumam se agitar quando sentem dor", explicou Barrabás.

"Ah...", suspirou o romano.

Porém, antes que lhe dessem o primeiro golpe, escutou-se um alarido à rua. Barrabás ficou preocupado, pois não sabia se se tratava de uma procissão, de uma festividade ou, pior, de uma tropa em marcha.

Como o barulho só aumentasse, eles foram até a janela. Foi então que viram algo que quase fez seus corações saírem pela boca.

Maria Magdalena vinha à frente de uma legião de gagos, cegos, surdos, fanhosos, coxos, corcundas, sonâmbulos, constipados, trêmulos, fleumáticos, sarnentos, tísicos, desdentados, estéreis, impotentes, incontinentes, asmáticos, doentes do espinhaço, endividados, paralíticos, calvos, hemorroidosos, caolhos, fétidos, imberbes, catarrosos, lunáticos e melancólicos de toda variedade.

Chegando diante do amado, ela ergueu os braços e gritou: "Este é o profeta de quem vos falei. Ele tem o poder que vem do barro e há de curar-vos de todas as vossas enfermidades."

O povo deu um urro de felicidade que ecoou pelas ruas em redor. Gotas de suor surgiram na testa, mãos e sovacos de Barrabás. Sem ideia do que fazer, ele buscou o socorro de Maria Magdalena:

"Como curarei tantos? Devo bater na cabeça de cada um?"

"Claro que não", disse ela sorrindo. "Não sabes como fazem os outros profetas quando há muita gente?"

"Não tenho a menor ideia. Minha primeira cura foi a daquele endemoniado em Esdrelon."

"Ah, bendita sou por poder acompanhar teus primeiros passos. Serei merecedora de tal bênção? Não, mil vezes não. Mas a melhor graça é a que os deuses nos dão graciosamente. Do que falávamos? Ah, sim, pois bem, digo-te que estive com vários homens santos em minha vida, e todos eles, quando estavam em frente a uma multidão, começavam por fazer com que o povo orasse."

Depois de olhar mais uma vez para o ajuntamento, Barrabás inspirou profundamente e clamou:

"Irmãos, rezai!"

O exército de maltrapilhos começou, então, a orar. A soma daqueles murmúrios era como o ruído de um mar distante. Mas passou o tempo e nada aconteceu, de modo que alguns se impacientaram, deram-lhe as costas e foram embora.

Frente àquele fracasso, Maria Magdalena olhou para o chão com tristeza.

Vendo que precisava fazer algo para não perder sua admiração, Barrabás gritou:

"Irmãos, em verdade vos digo, nem todos sereis curados."

"Oh...", lamentou o povo.

"Só receberão a graça aqueles que orarem com mais fervor. Estes cochichos jamais chegarão aos ouvidos do céu. Rogai, pois, com a garganta e o coração, se quereis ser um dos escolhidos."

Nos instantes seguintes subiu às alturas uma renovada leva de pedidos, clamores, rogos, apelos e súplicas, com cada qual tentando berrar mais alto que o vizinho, até que alguém ao fundo levantou os braços e avisou:

"E-estou cu-curado!"

"Louvados sejam os poderes do barro!", exclamou Barrabás. "Mas será que este homem é o único devotado entre todos os que estão aqui? Será que não há outro mais fervoroso, que tenha pedido a bênção com ainda mais empenho?"

Alguém, lá no fundo, gritou: "Sinto meu cabelo crescer!"

Outro falou: "Começo a enxergar melhor!"

Outro mais: "Minha cabeça parou de doer!"

E logo muitos se diziam curados, como se disputassem entre si para ver quem era o mais abençoado.

Maria Magdalena, orgulhosa, disse a Barrabás: "És tão poderoso que mal posso crer."

E ele, passando-lhe a mão pelos cabelos, falou: "Do teu crer vem o meu poder."

Deixaram Azoto na manhã do dia seguinte. O povo deu-lhes de presente uma cabra, oito galinhas e uma vintena de pães. Lamaque também carregava uma estátua de Príapo que roubara do Lupanarium.

A caprichosa história de Lamaque

Nascido em Pasárgada, Lamaque era imberbe e tinha cabelos pretos que lhe desciam até a cintura.

Tocava o saltério com graça, cantava com afinação e dançava com leveza. Com isso, tornou-se o favorito de um pretor romano, que não conseguia dormir sem que o servo exibisse seu talento ao pé da cama.

Viveram em harmonia até o dia em que o pretor decidiu se casar com uma jovem herdeira.

Lamaque matou-o e de suas tripas fez cordas para seu instrumento. Dedilhando músicas de amor, atravessou as montanhas e juntou-se ao grupo de Atronges.

O último gozo

Passados dois dias e sete galinhas, quando o sol mal nascera e Maria Magdalena ainda dormia, os onze se reuniram em torno de uma oliveira caída para tratar de um assunto importante.

Depois de tomarem uma decisão, saíram à procura de Barrabás.

Foram achá-lo à beira de um rio, desenhando o rosto da amada na lama com os dedos. Dando um passo à frente dos outros, falou Jeoiaquim:

"Queremos conversar contigo."

"Falai."

"É sobre Maria Magdalena."

"Meu assunto predileto."

"Ela quer que sejas um profeta."

"Se ela quiser que eu me transforme num cão, começarei a latir."

"Se te tornares um profeta, não teremos a vida que nos prometeste: em vez de roubar dos que têm muito, tiraremos dos que têm pouco."

"O pouco de muitos pode ser mais que o muito de poucos."

"Mas os muitos podem ser poucos, e o pouco pode ser nada."

"Nada posso te garantir."

"Então é melhor que nos separemos", disse Jorão.

"E que cada um cuide de si", emendou Jotão.

"Eis que chegamos ao fim", sussurrou Lamaque.

Durante alguns instantes, todos ficaram em silêncio, como que a velar um morto. Og, como de costume, chorou. Nenhum deles, no entanto, conseguiu dar um passo, fosse para a frente ou para trás. Ficaram ali parados, como doze troncos de árvore, apenas ouvindo os ganidos do gigante, que se tornavam cada vez mais desesperados.

A coisa já ficava incômoda quando Barrabás levantou-se e começou a andar entre eles, falando:

"Somos bezerros ou homens? Homens é o que somos! Pois chega de gemidos! Se temos que nos separar, que assim seja, pois a vida é cheia de encruzilhadas e nem todos vão pelos mesmos caminhos. Mas, antes que cada um siga sua trilha, façamos como os guerreiros, que bebem até cair na noite anterior à batalha, como o solteiro antes do casamento, que se deita com muitas meretrizes de uma só vez. Eia, amigos, tenhamos um último gozo. Realizaremos um derradeiro ataque, um feito inesquecível que nos dê fama e moedas!"

Todos bateram palmas e deram assovios, até que Zibeão gemeu: "Hmm?", como que perguntando: "Qual será este grande assalto?"

E Barrabás respondeu: "Sequestraremos Poncius Pilatos!"

Barrabás anda sobre as águas

Naqueles dias celebrava-se em Cesareia o culto a Netuno. O início da festa dava-se quando o praefectus Poncius Pilatos entrava num pequeno barco e ia até um ponto do mar onde havia uma corbita* previamente abandonada. Lá chegando, atirava uma tocha no navio, que ardia em oferecimento ao deus das águas.

A ideia de Barrabás era esconder-se na corbita um dia antes. Quando Pilatos a fosse incendiar, sequestrariam o praefectus, e só o devolveriam em troca de um rico tesouro.

"Nunca!", protestou Maria Magdalena quando escutou o plano. "És um profeta, não um salteador."

Barrabás beijou a mão da amada e explicou: "Faço isso pela nossa fé. Depois disso os homens se espalharão pelas estradas e eu e tu, com nossa parte do resgate, espalharemos a barrosa palavra pelo mundo."

Maria Magdalena olhou fundo nos seus olhos: "Se é pelo bem do barrabismo, irei contigo."

---

* Barco mercantil romano de velas quadradas.

Antes de qualquer coisa, era preciso conseguir um barqueiro que os levasse até o navio. Por dez denários, um pescador de nome Ahab aceitou a missão.

Eles sairiam no meio da tarde, como se fossem pescar, e, quando a noite já tivesse caído, entrariam na corbita.

Logo o barco fez vela, afastando-se da praia.

Estavam a meio caminho quando escutou-se o estrondo de um trovão. Os ventos se tornaram mais fortes e o céu enegreceu. Em seguida o firmamento abriu suas comportas. Tanta foi a chuva que parecia haver mais água no céu do que no mar. Pedras de granizo rebentavam no convés e já não se podia ver a praia.

Tomado pelo pavor, Ahab disse: "Quem dera tivéssemos aqui um homem poderoso para acalmar esta tempestade."

Maria Magdalena abraçou-se a Barrabás e pediu: "Meu querido, dá-nos outra mostra do teu poder."

Antes que Barrabás falasse qualquer coisa, um fortíssimo golpe de vento quase fez virar a embarcação, lançando redes, remos, cestos e cordas ao mar.

Ao ver tal desgraça, o barqueiro gritou: "Ao mastro!" e todos correram para se agarrar nele. Todos menos Barrabás, pois, antes que ele se movesse, um vagalhão lambeu o convés, lançando-o às águas.

Os do barco ficaram aflitos ao vê-lo sendo jogado de um lado para o outro, pelejando para não ir ao fundo.

Já o davam por afogado e morto quando uma tábua bateu em suas costas.

Barrabás agarrou-se a ela com força e, quando conseguiu deitar sobre o lenho, veio uma grande onda e carregou os dois em direção à praia.

Usando de habilidade, ele conseguiu se equilibrar sobre o madeiro, pondo-se de joelhos. Depois ficou em pé, abriu os braços em forma de cruz e começou a deslizar sobre a crista da onda como se estivesse cavalgando Leviatã, o monstro do mar.

Era tão grande o espanto dos que estavam na orla, que eles perguntavam-se uns aos outros: "Quem é este que caminha em meio às águas?"

E respondiam-se: "Deve ser um novo Moisés!"

Quando chegou à praia, Barrabás foi recebido de mãos postas e rostos no chão pelo povo.

A viúva rica e o pau sagrado

Naquela noite, quando a chuva parou, os principais de Cesareia ofereceram a Barrabás um banquete sobre as areias da praia, onde armaram uma mesa que tinha o profeta numa cabeceira e, na outra, o mais respeitado ancião da cidade.

Depois de comerem e beberem, todos começaram a cantar, a dançar e a rir. Só Maria Magdalena se mantinha calada. A eleita de Barrabás estava com o cenho franzido e as sobrancelhas pregadas, assim como quem tenta resolver uma charada grega.

Notando sua expressão, Barrabás perguntou: "Em que pensas?"

"Em que penso?", respondeu ela sem tirar os olhos do vazio. "Penso na madeira que te salvou. Ela poderia estar nos móveis de uma casa ou na barriga de um cupim. Mas não, ela nadou pelo meio dos peixes e navegou entre os vagalhões para chegar até aqui. Uma madeira comum não faria isso. Por que veio salvar um profeta? Ela deve ter algo de mágico e divino."

"Falando em divino, já provaste o cordeiro?"

Enquanto Maria Magdalena voltava aos seus pensamentos, o ancião tomou a palavra: "Prodigioso Barrabás, gostaria de lhe pedir um favor."

"Peça e o atenderei."

"Muito me agradaria vê-lo andar sobre as águas com aquele madeiro mais uma vez", pediu o homem apontando para o lenho, que estava fincado na areia como um estandarte.

A isso Barrabás respondeu: "Nobre ancião, não quero molhar minha túnica, mas também não quero desapontá-lo. Por isso, farei mais que andar sobre as águas: voarei sobre os ombros de todos!"

E, continuando, o profeta ordenou: "Og, Jair, Galal, trazei aquele pau!"

Tão logo os três chegaram com a tábua, Barrabás sentou-se sobre ela e os discípulos o ergueram sobre as cabeças. Uma vez lá em cima, ficou de pé e começou a gritar: "Eia, eia!", com o que Og, Jair e Galal começaram a rodar em volta da mesa.

O povo, já alegre pelo vinho, também dizia "Eia!, eia!", e, tirando Maria Magdalena, não houve quem não se divertisse com aquela folia.

Iam já pela sétima volta quando a amada discípula ficou em pé e gritou: "Já sei, é um pedaço da arca de Noé!"

No mesmo instante as risadas cessaram e os homens que carregavam Barrabás estancaram. Maria Magdalena explicou: "Esta madeira só pode ser parte da grande arca. Depois de salvar a família de Noé, estava perdida pelos mares. Mas, vendo o maior dos profetas em perigo, navegou até ele para salvá-lo."

As pessoas se entreolharam, como que dizendo "Que tolice!", mas ficaram em silêncio. Porém, depois de alguns segundos, Zibeão não conseguiu conter-se e explodiu numa gargalhada, no que foi seguido por Malalael, que foi seguido por Jeoiaquim, que foi seguido por todos.

Diante daquela risadaria, a infeliz mulher abaixou a cabeça, de modo que se podia apenas ver seus cabelos e ouvir seus soluços.

Então Barrabás, do alto da madeira, bradou:

"Parem! Ela está certa. Este lenho é parte do barco salvador!"

Todos se calaram, até que Gômer falou: "Parece um pedaço de pau comum."

Barrabás, descendo ao chão, respondeu-lhe: "Ah, meu ancho amigo, teu estômago está cheio de comida, mas teu coração, vazio de fé. Como podes ter certeza de que essa madeira não fez parte da grande arca? Quem te nomeou juiz para determinar o que é falso e o que é verdadeiro? Pois eu te afianço que, tão certo como eu sou um profeta, esta há de ser uma lasca da arca de Noé."

Gômer, encolhendo os ombros, respondeu:

"Se é o que dizes, esta é a verdade."

Maria Magdalena ergueu o rosto, afastou os cabelos e seus dentes iluminaram Barrabás.

Alguns dos da cidade foram então observar a madeira de perto. Ficaram a sentir-lhe o cheiro e a passar-lhe os dedos com curiosidade. Alguns até fizeram orações ao seu redor.

Um desses era o ancião, que, de joelhos em frente ao lenho, disse: "Realmente, olhando bem, parece uma relíquia sagrada."

Um tecelão emendou: "Seria uma grande honra se este santo madeiro ficasse em nossa cidade."

"Mas quem de nós seria o guardião desta joia?", perguntou um vinhateiro.

Logo, vários ergueram as mãos, gritaram "eu, eu!" e se dispuseram a ficar com o venerável objeto.

Para acabar com a vozearia, Barrabás deu um tapa no lenho. Quando todos se aquietaram, disse:

"Filhos de Cesareia, o mais justo é que esta preciosidade fique com aquele que lhe tiver maior apreço."

"E como saberemos quem é este?", perguntou o ancião.

"Mediremos o apreço pelo preço", respondeu Barrabás. Como ninguém pareceu entender a proposta, ele explicou: "Faremos um leilão."

Mal ele acabou sua frase e o tecelão gritou: "Cinco dracmas!"

"Dez!", berrou o vinhateiro.

"Quinze", ofereceu o ancião.

Depois outros disseram "vinte", "trinta", "quarenta" e "cinquenta", até que a rica viúva de um mercador subiu em sua cadeira e ofereceu cem dracmas pelo pau sagrado.

Quando o recebeu de Barrabás, trêmula e lacrimejante, ela mandou seus empregados envolverem a peça num lençol de linho e levarem-na para sua casa, onde ocuparia, para todo o sempre, o lugar de honra.*

---

* No mosteiro de Etchedmiadzine, aos pés do monte Ararat, no Curdistão, há um pedaço de madeira que é tido como parte da Arca de Noé, mas não há como saber se este é aquele.

Adeus

No meio daquela noite, Barrabás acordou com o pio das corujas. Colocou as mãos sob a cabeça, olhou para a lua minguante e pôs-se a pensar que a vida é um enfileirar de perdas até o dia em que ela própria se perde. É assim com todos, foi assim com ele. Lembrou-se de que perdera o pai, a mãe, a cidade, o cão. Depois perdeu Atronges e Maria Magdalena. Perdeu a liberdade em Macaeros, perdeu os nazireus e agora estava a ponto de perder seus onze amigos, pois eles iriam partir tão logo o sol nascesse.

Então levantou-se e foi vê-los.

A barriga de Zibeão emitia sons e ele soltava flatulências, de modo que era mais ruidoso durante a noite do que de dia.

Lamaque se sacudia todo por causa de pesadelos e às vezes dava coices em Malalael, que, sonolento, resmungava palavrões.

Volta e meia Gômer se punha sentado e, como que em transe, olhava para o vazio; depois deitava-se e dormia como um anjo. Og dividia uma coberta com Ananias, o que era muito para um e pouco para outro.

Jeoiaquim falava o tempo todo, mas numa algaravia incompreensível, pois misturava palavras dos vários idiomas do mundo. Ao lado dele, Jair roncava, o que é igual em todas as línguas.

Sempre com muito frio, Jorão e Jotão se arrastavam sem perceber para perto das brasas. E Galal dormia em paz, com formigas a passear-lhe pelas pernas e um besouro a zumbir nas dobras do seu turbante.

Barrabás chorou.

Não foi por muito tempo nem com lágrimas correntes. Não deu urros nem arrancos de garganta. Apenas um rebrilho lavou-lhe o branco dos olhos.

Antes de voltar à tenda, ele cobriu Zibeão e lançou mais galhos à fogueira.

Torre de Babel

Na manhã seguinte, Barrabás levantou-se e chamou seus homens. Eles despertaram com vagar e arrumaram as coisas sem pressa, como se quisessem adiar a partida.

Quando finalmente estavam todos perfilados, ele lhes falou assim: "Somos como uma família, mas mesmo as famílias se separam um dia. Juntos viajamos por este país, rimos, bebemos, matamos romanos e farreamos. Porém é chegada a hora de nos separarmos."

Os queixos de alguns tremeram, os peitos de outros suspiraram e os pés de Og molharam-se de lágrimas.

"Não tivemos sucesso em nossa última empreitada", continuou Barrabás, "mas mesmo assim não saireis de mãos vazias. Das cem dracmas que recebi ontem, darei nove a cada um de vós".

"Ficarás com apenas uma moeda", observou Ananias.

"Não faz mal. Sei que virão muitas outras", profetizou Barrabás. "Esta dracma é como o grão de mostarda, que por ser pequeno não dá a ideia da imensa árvore que brotará."

"Como podes estar certo disso?", perguntou Galal.

"Tive um sonho", respondeu Barrabás. "Vi-me na proa da arca de Noé, e ela flutuava sobre um mar de gente. Lá do alto eu jogava farpas às pessoas e elas atiravam-me moedas como pagamento. Logo havia tanto ouro no convés que o barco brilhava mais que o Sol."

Depois de contar seu sonho, Barrabás começou a distribuir as nove dracmas a cada um de seus homens, dizendo: "Sei que estas moedas pouco valem, mas farão com que chegueis até as vossas cidades. Assim Lamaque poderá voltar aos seus peixes, Jeoiaquim tornará a receber cusparadas como cobrador de impostos, Malalael passará fome como barbeiro, Gômer colherá esterco e os outros sempre poderão pedir esmolas, contando com a generosidade do povo."

Com abraços tristes, os homens despediram-se e puseram-se a andar, cada qual para seu lado.

Porém, antes que dessem dez passos, ouviram Barrabás gritar: "Achei!"

Eles viraram suas cabeças para trás e viram seu antigo líder ajoelhado no chão, segurando o que parecia ser um pedaço de argila.

"Um raio me parta se isto não é um pedaço de tijolo da torre de Babel."

Todos se entreolharam, sem saber o que dizer ou fazer.

"Ali há outro", apontou Barrabás, dando uns passos à frente e colhendo mais um estilhaço, ficando com um em cada mão. "Quanto será que não valem estas relíquias? Haverá mais delas por aqui?"

Os homens começaram a olhar ao redor, até que Malalael, apontando para um arbusto, disse: "Acho que há mais uma parte ali."

"E outra lá", emendou Galal.

Logo todos estavam agachados revolvendo a terra com as mãos como se fossem galinhas a procurar minhocas, e em menos de meia hora havia ali tantas lascas de argila que com elas bem se poderia construir uma ânfora.

Ao ver todos aqueles cacos sagrados, disse Zibeão: "Hmm!"

"Como?", perguntou Barrabás. "Não queres mais partir? Preferes ser um barrabista?"

O discípulo sem língua concordou com a cabeça.

"Faço minhas as palavras de Zibeão", ecoou Jair, o negro de Ofir. "Prefiro seguir-te a voltar para minha terra."

"Também ficarei ao teu lado", disse Jorão.

"E eu ao lado de meu irmão", completou Jotão.

"Precisareis de alguém que cozinhe. A comida de Maria Magdalena é mais perigosa que as lanças dos romanos", falou Lamaque.

"Eis que a torre de Babel, que antes separou os homens, agora os uniu", arrematou Jeoiaquim.

Um a um, os homens foram devolvendo as moedas para Barrabás e desistindo de partir. Depois, do mesmo modo que há muito tempo, formaram um círculo, puseram as mãos no escroto do companheiro à direita e, pela terceira vez, fizeram um juramento de eterna amizade. Desta feita, Barrabás amparou as gônadas de Zibeão.

A silenciosa história de Zibeão

Zibeão tinha boa voz e gostava de fazer galhofas, com o que tornou-se cantor satírico.

Apresentava-se nas cidades de Tiro, Damasco e Antioquia, entoando troças sobre os romanos, e o povo dava-lhe bons óbolos por rir dos inimigos.

Algumas de suas obras ficaram famosas, como Sete colinas e um monte de estrume, que descrevia a fundação de Roma; Quem usa penacho não é macho, sobre os uniformes dos legionários; e Otávio é um otário, que contava a vida do primeiro imperador romano.

Cantava essas e outras canções numa praça quando um senador o ouviu e mandou que lhe cortassem a língua.

Aleluia, aleluia!

Os homens ainda seguravam as partes uns dos outros quando chegou Maria Magdalena: "Não seria melhor um simples abraço?"

"Não estamos nos despedindo, mas renovando os votos de amizade", explicou Barrabás. "Os homens ficarão conosco. Querem pregar a barrosa palavra."

Ao ouvir isso, o rosto de Maria resplandeceu de contentamento. Foi como se uma flor nascesse entre cactos e pedras.

A discípula amada começou a andar entre os homens, a abraçá-los e afagá-los, dizendo:

"Aleluia, aleluia! Ides ficar? Nem acredito. Andaremos todos juntos a espalhar bênçãos e milagres. Será uma vida de alegrias. Até imagino como serão nossas cerimônias. Chegaremos às cidades e montaremos um belo *podium* e uma larga barraca. Então tu, tu e tu, usando túnicas azuis e turbantes amarelos, formareis uma roda em torno do palanque e começareis a chacoalhar guizos para convocar o público. Depois tu e tu, que têm boa voz, cantareis um hino, e Lamaque tocará o saltério. Jorão e Jotão cuspirão fogo no ar e detrás deles surgirá Barrabás, que fará a pregação. Então todos rezarão e acontecerão os milagres, enquanto Ananias recolherá as doações. Depois teremos os batismos com barro e, por fim, a venda de relíquias sagradas."

Neste instante, Barrabás subiu numa pedra e, fazendo voz de pregoeiro, falou:

"Amigos, vinde e vede as sacras mercadorias que trouxemos para vós. Isto, que parece uma reles peça enferrujada, é a tesoura de Dalila. Esta é a faca com que Abraão ia sacrificar seu filho Isaque. Aqui tendes anéis das concubinas do rei Salomão e meus companheiros soprarão agora três das trombetas que derrubaram as muralhas de Jericó."

Imediatamente Jair, Zibeão e Malalael puseram as mãos em frente à boca e sopraram com força, fazendo: "to-ro-ro-to-tó."

Depois, continuou Barrabás: "Quereis ser notados na sinagoga? Eis aqui o manto colorido de José do Egito. Precisais de sorte no jogo? Aqui estão os dentes dos leões que rondaram Daniel na cova. Sois pescadores? Protegei-vos com as escamas do peixe que engoliu Jonas. Sois pecadores? Amarrai em vossos membros estes fios do cabelo de Sansão. O senhor quer um? A senhora quer dois?"

"Creio que precisarei de um tufo", disse Maria Magdalena olhando para Barrabás, com o que todos riram, menos ele.

Os doze, os cem e um dos Setenta e Um

Poucas vezes um sonho torna-se realidade no dia seguinte. Mas o de Maria Magdalena tornou-se. E não por um, mas por mais de mil dias.

Barrabás e seus doze discípulos percorreram Israel pregando a palavra, e suas cerimônias juntavam mais gente que corridas de camelo, de modo que o barrabismo tornou-se conhecido desde Dã até Berseba.

Certa vez, em Naim, tinham acabado de vender a funda com que David abateu Golias quando apareceu por ali um grupo de fariseus comandado por um senhor de cabelos fulvos.

Barrabás se adiantou e, depois de tirar o pó da memória, o reconheceu:

"Salve, rabi Caifás!"

"Quem és tu, que falas comigo com tamanha intimidade?"

"Sou Barrabás de Genesaré."

O velho franziu a testa e inclinou a cabeça para o lado. Ouvir aquele nome lhe parecia algo tão disparatado quanto alguém dizer "Sou Adão", "Sou Moisés" ou "Sou Abraão". Então aproximou-se e viu que os olhos davam razão aos ouvidos.

"Não é possível. Como escapaste de Macaeros?"

"Não acreditas em milagres?"

"Em poucos. Mas parece que tu andas vendendo muitos."

"Os milagres, dou-os graciosamente. Só vendo as relíquias. Estás interessado em alguma?"

"Teus badulaques não me interessam."

"Então vieste cobrar-me alguma taxa?"

"Já não sou coletor de impostos. Agora sou um dos Setenta e Um."*

"Subiste na vida."

"Sim. E como representante do Sinédrio te proíbo de iludir a boa-fé dos humildes."

"Acaso és meu pai para me proibires alguma coisa?"

"Os Setenta e Um são os pais de todos os judeus."

"Nem todos os filhos são obedientes."

"Para isso existe a vara."

Ao ouvir aquilo, os homens de Caifás prepararam-se para a luta, e os de Barrabás os imitaram. O povo, por sua vez, formou um círculo em torno deles e começou a fazer apostas.

Porém, Caifás, em vez de ordenar que os seus atacassem, disse:

"Não quero ver a cor do teu sangue, por isso dou-te uma última chance: desiste dessa vida de profeta errante. Se pretendes ser um religioso, que o sejas dentro da Lei. Quem sabe não chegarás a ser um dos Setenta e Um?"

"Os Setenta e Um não valem meus doze."

"Blasfemo! Vais te arrepender!"

Em seguida, os dois grupos se lançaram ao combate. Até mesmo Maria Magdalena lutava, mordendo orelhas e puxando barbas.

---

* Os Setenta e Um, ou sinédrio, era a principal assembleia dos judeus.

Logo olhos ficaram inchados e dentes se quebraram. Mas, antes que houvesse a primeira morte, ouviu-se um toque de trompas e, no fim da rua, surgiu uma centúria de romanos vestidos de lobos.

Os fariseus e os barrabistas pararam imediatamente de se atracar. Passando por eles, os fantasiados lhes deram coices com suas patas e golpes com suas queixadas.

Os brigões ainda tentavam entender o que acontecia quando um centurião se aproximou deles e, segurando sua cauda, rosnou:

"Escutai o que vou dizer, sírios."

"Perdão, senhor, somos judeus", explicou Caifás, dobrando-se até quase tocar o joelho com o rosto.

"Que seja. Hoje começam as Lupercais, festa em homenagem à loba que amamentou Rômulo e Remo. Este é um dia de paz e harmonia e, se eu souber que houve um único tumulto aqui, mandarei crucificar todo o povo desta cidade imunda. Fui claro?"

Todos concordaram balançando as cabeças.

"Agora, sumi da minha vista."

Barrabás e os seus e Caifás e os dele retiraram-se em silêncio, cada qual para seu lado.

Quando já estavam separados por uns vinte passos, Caifás gritou: "Ainda nos veremos!"

E ele estava certo.

O céu verde

No oitavo dia do mês de Tammuz, quando completavam três anos de caminhada, Barrabás e os seus resolveram comemorar a data.

Estavam numa campina viçosa e verdejante na planície de Hasor. Ao cair da tarde começaram a preparar a festa. Montaram uma fogueira, armaram as tendas e as enfeitaram com seus panos mais coloridos.

Desta vez não foi Lamaque quem fez a comida, e sim Malalael. Ele encontrou cogumelos num charco ali perto e preparou uma sopa saborosa, que não houve quem não provasse e repetisse.

Depois de tal refeição, ficaram todos mais alegres.

Barrabás e Maria Magdalena começaram a dançar como se ouvissem música; Jair entrou no regato e pôs-se a nadar; Ananias pisava formigas, dizendo: "Sou um gigante, sou um gigante"; Galal falava com suas tatuagens como se elas tivessem criado vida; Zibeão cantava grunhidos para o tronco de uma amendoeira, em cujos galhos Jeoiaquim fazia um ninho; Jorão e Jotão olhavam-se como se um fosse o espelho do outro; o descomunal Og chorava de tanto rir; Lamaque batia asas atrás de uma borboleta; e Malalael perguntava a Gômer: "Estás vendo aquele ser com quatro asas, pés de touro, rosto de leão e mãos como tochas?" Ao que Gômer respondia: "Sim, claro."*

Um a um, os discípulos foram se cansando daquela diversão e se retiraram para as tendas. Apenas Barrabás e Maria Magdalena, já recuperados dos efeitos da ceia de Malalael, preferiram deitar sobre a relva.

"Ah, como são lindas as estrelas", disse Maria Magdalena olhando para o alto.

E Barrabás, mirando-a, falou: "Mais belas são quando refletidas no verde céu dos teus olhos."

---

* Há a descrição de um ser semelhante em Ezequiel 1. A Escritura, porém, não informa se o profeta havia provado alguma sopa como a de Malalael.

A nebulosa história de Malalael

Malalael nasceu na Ilha de Thera, onde um vulcão soltava uma eterna fumaça vinda das profundezas.

Andava com a barba em desalinho e os cabelos desgrenhados, de modo que poderia ser confundido com um urso despenteado pelo vento.

Trabalhava vendendo ópio e outras especiarias, com o que juntou oito ovelhas, seis bois, quatro esposas e dois camelos.

Como o rei Arquelau daria uma festa para celebrar seu casamento com Glafira, a viúva de seu irmão, fez uma encomenda a Malalael, que foi pessoalmente buscar a carga no porto de Dor. Porém, como o caminho de volta fosse longo, acabou consumindo um bom tanto de seu produto, e achou por bem substituir a parte que faltava por calcário moído.

A combinação causou tosses, pigarros e duas mortes.

Malalael recebeu cem açoites. Só não morreu na cruz porque subornou o carcereiro, passando-lhe, por escrito, tudo quanto possuía.

Nada

Na manhã seguinte à festa dos cogumelos, enquanto Barrabás se vestia, Maria Magdalena avisou:

"Meu amado, irei antes dos outros até Cafarnaum."

"Detesto quando te afastas de mim."

"Será apenas por algumas horas. Quero escolher o local da pregação e anunciar tua chegada. Esperarei por todos no Tanque dos Jebuseus."

"Que seria de mim sem ti?"

Ela sorriu e, depois de dar-lhe um beijo, partiu.

Aos poucos, os demais foram também despertando e começaram a desarmar as tendas e a juntar as ferrarias, roupas, esteiras e cobertas, pondo tudo nos alforjes e nas cestas dos burros.

Depois de comerem um punhado de carneiro com grão-de-bico, saíram a andar.

Como sempre, havia muita gente em Cafarnaum, que ficava no caminho entre o Egito e Damasco, e por isso esperava-se ali uma jornada de muito proveito.

Por volta da hora sétima o grupo chegou ao Tanque dos Jebuseus, onde Maria Magdalena deveria estar. Mas não estava.

A ausência da amada deixou Barrabás sombrio como o céu antes da chuva.

"Eia!", trovejou, "vamos procurá-la!"

Assim fizeram os discípulos, marcando o reencontro ao pôr do sol.

Não deixaram de esgaravatar nenhuma rua, caminho, senda, viela ou beco. Olharam dentro de cada barril, entre as roupas que secavam nos varais, embaixo de carroças, dentro dos poços, em meio às barracas, nas sinagogas, nos templos pagãos e nos estábulos, perguntando a toda gente se haviam visto uma mulher de tal feitio e parecer. Ninguém, no entanto, soube lhes dizer alguma coisa.

Tendo chegado a hora aprazada, todos, menos Barrabás e Maria Magdalena, reuniram-se à volta do tanque.

Os onze passaram a imaginar o que teria acontecido aos dois. Uns temiam por sua sorte, dizendo que os romanos os teriam levado, outros falavam que não havia por que ter receio, pois ambos estariam a se conhecer pelos campos.

A Lua já surgia como prateada foice a cortar o manto negro da noite quando Barrabás apareceu ao longe. Seus olhos estavam rubros e inchados.

Aproximando-se dele, Jeoiaquim perguntou:

"Algum sinal de Maria Magdalena?"

Ao que Barrabás respondeu:

"Nada, nada..."

O doente são

Após o desaparecimento da amada, Barrabás tornou-se um homem apagado, ausente de si e mergulhado na tristeza.

Nenhum alimento, por mais temperado que fosse, o apetecia; e cuspia fora até mesmo a rica cerveja de Luxor.

Se algum dos seus homens tentava animá-lo, ele olhava para o céu com ar aborrecido ou simplesmente dava-lhe as costas. Zangava-se quando enfermos vinham lhe pedir a cura e espantava as crianças fazendo caretas.

Vendo que o sofrimento não partia e a alegria não retornava, resolveram os onze que era tempo de procurar um médico. Logo encontraram um de nome Lucas.

Depois de examinar o doente da planta dos pés até o cume da cabeleira, o médico chegou a uma conclusão: "Vosso amigo goza de perfeita saúde, e, no entanto, está doente."

"Hmm?", grunhiu Zibeão, como que perguntando: "Pode alguém estar saudável e enfermo ao mesmo tempo?"

Lucas respondeu: "Todos somos compostos por duas substâncias: o corpo físico e o sopro imaterial. No caso dele, enquanto o primeiro esbanja robustez, o segundo definha."

"Tem esse mal algum remédio?", quis saber Ananias, puxando pela túnica do médico, que respondeu:

"Quando um homem tem sede, deve beber; quando tem fome, deve comer; quando tem frio, deve se cobrir. Vós, que bem o conheceis, deveis encontrar o alimento, a bebida ou o cobertor que lhe falta."

Mal o médico partiu e os onze se afastaram de Barrabás para debater o caso.

"Todos sabemos que o que ele precisa é de Maria Magdalena", disse Jorão.

"Estamos procurando-a há meses, e nem pista dela", lamentou Jotão.

"Quando não temos camelo, andamos de dromedário", filosofou Galal, apontando para as tatuagens destes animais em suas pernas.

"Hã?", interrogou Og, que sempre precisava de mais explicações.

"Ele quer dizer que a ausência de uma mulher cura-se com a presença de outra", esclareceu Jeoiaquim.

"E onde encontraremos esta outra?", perguntou Gômer.

"Onde se encontram as mulheres: nos bordéis", respondeu Malalael.

"É isso!", exclamou, em alegre alvoroço, Jair de Ofir. "Vamos em busca da mais bela filha de Eva que o dinheiro pode comprar!"

Oola e Ooliba

Os onze estavam acampados perto do monte Gerizim naqueles dias. Resolveram, então, descer pelo caminho do porto de Jope, porque, como diz o povo, onde há velas há belas.

Chegando à cidade, Zibeão, com gestos indecentes, perguntou aos marinheiros se conheciam uma mulher reputada no ofício de satisfazer os homens.

Disse-lhes um remador: "Uma pedes, duas te indicarei." E falou-lhe de Oola e Ooliba, que seriam tidas por despudoradas em Sodoma e fariam corar o povo de Gomorra.

Três homens ficaram com Barrabás e os outros oito foram até a casa indicada pelo remador. Já ao longe se via que era uma verdadeira *domus* romana, com colunas jônicas na varanda e um caramanchão que se estendia sobre a entrada em arco. Uma fonte de granito enfeitava o jardim e no pomar havia tantas árvores de frutas quanto no paraíso.

Mal chegando à porta, foram recebidos por um homem de nariganga fabulosa, que os saudou assim: "Sede bem-vindos, peregrinos. Meu nome é Micael."

"Honrado senhor", disse Gômer, o gordo, "viemos solicitar os serviços de Oola e Ooliba".

"Será um prazer atendê-los, mas elas são as mulheres mais procuradas desta cidade, e por isso tereis que colocar vosso nome numa lista longa como a minha tromba. Acredito que em quinze dias teremos uma brecha."

Os discípulos ainda tentaram convencê-lo com muitos apelos e renovadas súplicas, mas o homem se mostrava irredutível.

Enfim, desistindo, Ananias lastimou: "Pois bem, ficará sem remédio o nosso mestre Barrabás."

"Barrabás!?", exclamou Micael. "Tu disseste Barrabás? O profeta?"

"Sim", "Esse mesmo", confirmaram Jorão e Jotão.

"Eis que é chegada a hora do acerto de contas", falou Micael.

"Fez ele algum mal para ti?", perguntou Galal fechando os punhos.

"Pelo contrário. Devo a ele minha felicidade. Notai, amigos, que Javé não estava inspirado quando me criou. Sou baixo, atarracado e meu rosto é isto que veem. Nem posso pegar criancinhas no colo, porque elas choram ao ver meu nariz. Por conta de tal desacerto, nunca obtinha o favor das mulheres."

"Por que não lhas presenteaste com joias?", perguntou Jeoiaquim.

"Dei-lhes muitas, esperando que a beleza das pedras compensasse minha feiura."

"Nem assim elas te queriam?", indagou Jair.

"Preferiam a virgindade à minha companhia."

"Hmm...", compadeceu-se Zibeão.

Continuou Micael: "Passou-se o tempo e um dia soube que o profeta do barro entrara na cidade. Fui até lá e o encontrei sentado à sombra de uma caneleira. Expus o problema através de uma parábola, dizendo: 'Mestre, um homem quer possuir uma pomba e todos os dias põe migalhas de pão no seu telhado. Mas aves vêm, comem o pão e vão embora. Que deve ele fazer para ter ao menos uma consigo?'

"E ele disse: 'Se o homem quer pombas, que construa um pombal.'

"Demorei uma semana para decifrar aquele enigma. Porém, quando o compreendi, foi como se dez sóis me iluminassem. No mesmo dia vendi minhas propriedades e me mudei para cá, onde construí este lupanar."

Nem bem terminou de lhes contar a história e Micael abriu as portas de sua casa, mostrando que iria retribuir o bom conselho de Barrabás. Caminharam todos por um pátio ladeado de pinheiros, onde moças dos mais variados feitios conversavam alegremente.

Depois de subirem uma escadaria, chegaram finalmente às termas, onde, deitadas sobre divãs, as mais belas dentre as belas deixavam-se abanar por eunucos da Numídia.

Oola era alta, branca como a neve e tinha os cabelos da cor do sol. Uma base de pó vermelho cobria-lhe as maçãs do rosto e o entorno de seus olhos azuis era pintado com antimônio escuro. Tornozeleiras com guizos chiavam quando suas longas pernas se punham em movimento. Largas como traseiro de égua eram suas ancas e possuía a cintura fina como a das abelhas.

Ooliba era negra feito o café e possuía lábios grossos em flor. Seus cabelos estavam enfeitados com pequenas conchas e deles emanava um cheiro de mares distantes. Tão imensos se lhe mostravam os peitos que eram sustentados com uma rede de fibras de palmeira atada ao pescoço. Braceletes da mesma cor alaranjada de sua capa subiam do punho até a altura dos cotovelos. Cravejado de jaspe, um colar de marfim ornava-lhe o pescoço.

Acertados os preços, todos se despediram com esperança no porvir.

O espantalho destroçado

A partir daquele momento, os onze cuidaram para que a satisfação de Barrabás fosse perfeita e sem mácula.

À tarde, Jeoiaquim lavou-lhe os cabelos, Ananias aparou--lhe as unhas e Zibeão deu-lhe um banho de leite.

Enquanto isso, Jair carpia o mato ao redor do acampamento e Og erguia uma vasta tenda onde caberiam seis cavalos.

Ao pôr do sol, Galal preparou-lhe um prato com testículos de boi, Gômer ofereceu-lhe uma gemada de ovos de crocodilo e Malalael espalhou incensos de lascivos odores nos quatro cantos da tenda.

Ao surgirem as primeiras estrelas, Jorão e Jotão acenderam archotes ao redor do acampamento.

Quando Lamaque começou a tanger no saltério a canção "Nos picos do Hermon me deitei com minha amada", um tilintar de sino anunciou a chegada de Oola e Ooliba. Pairavam sobre dois camelos ajaezados; entre elas, assentado numa mula, vinha Micael.

Ele ajudou-as a descer das montarias, de modo a não manchar suas vestes.

Os onze se curvaram ante a passagem das duas, como se fossem vestais da mais venerada religião. Elas, porém, nem sequer lançaram um olhar para seus adoradores; simplesmente entraram na tenda e se puseram a trabalhar.

Sentados em torno do fogo, os onze esperavam pelo bom sucesso daquela empreitada.

"Conseguirá ele se reerguer?", perguntou Ananias.

"Espero que recupere seu apetite", comentou Gômer.

"Não sei", rebateu Lamaque. "O amor que ele sente por Maria Magdalena é do tipo que enlouquece."

"É preciso ser louco para desprezar as carnaduras de Oola e Ooliba", ponderou Jair.

Porém, foi Jeoiaquim quem melhor expressou o sentimento do grupo:

"É bom que tudo dê certo, amigos, porque somos como um corpo e Barrabás é nossa cabeça. Sem o conselho dele, um pé irá para a direita e outro para a esquerda; uma mão se erguerá para apanhar a noz no galho e outra se abaixará para coçar o joelho; o tronco quererá ir para a frente e os quadris, para trás, de modo que acabaremos despedaçados como um espantalho depois da tempestade."

Todos concordaram, balançando suas cabeças, e um deles chegou mesmo a rezar em voz baixa.

Ao amanhecer, Oola e Ooliba surgiram à entrada da tenda. Logo foram cercadas pelos onze, que esperavam ouvir elogios à hombridade de Barrabás. Mas dos seus belos olhos rolavam gotas de tristeza.

"Fracassamos...", lamentou Oola.

"Que vergonha...", lastimou Ooliba.

Os dois maridos

Sem pregações, sem milagres e sem tropeçar em relíquias sagradas, o bando pouco a pouco foi vendendo os bens que havia juntado nos tempos de vacas gordas.

Voltaram, pois, a ser sujeitos andrajosos, sem outro propósito que não o de sobreviver por mais um dia.

E eis que surgiram iras e dissensões entre eles.

Certa vez, Jair chegou a cortar as cordas do saltério de Lamaque por não gostar de uma cantiga.

Noutro dia, Og e Gômer trocaram socos por causa de um figo.

E por menos de um palmo Ananias não acertou uma pedrada em Zibeão, que escreveu versos jocosos sobre sua altura.

No dia em que chegaram a uma encruzilhada nas proximidades de Betel, eles começaram a discutir rudemente sobre se iriam para um lado ou para o outro. Estavam a ponto de socarem-se quando Jorão levantou a voz e disse:

"Basta! Não há razão em continuar vivendo desta maneira!"

E Jotão completou: "É melhor que cada um siga por uma estrada diferente e se arranje como puder."

Na verdade, todos já pensavam nisso, mas ninguém tivera a coragem de falar. Pouco a pouco, os outros foram dando razão aos gêmeos.

Depois de se abraçarem e se desejarem boa sorte, cada um começou a juntar suas coisas para partir.

A todo este movimento assistia Barrabás com olhar distante e idiota, não dando uma palha pelo que viesse a acontecer.

Então, antes que se separassem, surgiu na linha do horizonte uma pequena caravana. Acima e à frente dela, acomodado na corcova de um dromedário, estava Caleb, aquele que fora o marido de Maria Magdalena.

Ele vestia um manto listrado e um turbante de volta dupla. Seu grupo trazia muitos baús e os jumentos sofriam com o peso.

Quando a comitiva se aproximou, Caleb olhou para Barrabás e disse: "Há três coisas que ninguém enxerga mas todos veem: a criança dentro da barriga da mãe, a morte ao lado do velho e os cornos na cabeça do homem."

Ao ouvir aquele comentário, Malalael se enfureceu: "Por que dizes que o mestre é um galhado?"

"Porque aquela que foi nossa mulher já está ao lado de outro."

"Quem te contou esta inverdade?", perguntou Jair puxando a mais comprida de suas facas.

"Meus olhos", respondeu Caleb.

Ao ouvir tais palavras, Barrabás finalmente ergueu a cabeça. Foi como se despertasse após um sono de mil noites. Ele tomou a faca das mãos de Jair, colocou-a sobre o cano de Caleb e falou: "Escuta as minhas perguntas e, se não queres que teus ovos alimentem os chacais, pensa bem nas respostas que vais dar."

Engolindo em seco, disse Caleb: "Serei cuidadoso com minha língua como espero que sejas com tua mão."

"Tens certeza de que era ela?"

"Conheço aquele rosto melhor que seu espelho."

"Quando a viste?"

"Há uma semana. Seguia um rabi e seus discípulos."

"Mentes, cão!"

"Os cães não mentem."

"Para onde iam?", perguntou Barrabás forçando a faca ainda mais contra as partes de Caleb, que, suando, respondeu:

"Estavam a caminho de Aenom."

Barrabás afastou a lâmina e, falando alto, começou a dar ordens aos discípulos:

"Arrumai as coisas! Enchei os alforjes! Encontrai minhas sandálias e dai-me um machado! Hei de fazer aquela traidora em pedaços."

Enquanto Caleb e sua caravana se retiravam, os onze sorriam entre si e corriam felizes de um lado a outro, pois é melhor ter quem diga para onde se vai do que não saber que rumo tomar.

Ninguém mais pensava em separação. Tinham voltado a ser os onze de Barrabás.

Tapete de peixes

No meio do dia seguinte estavam em Aenom. Lá, porém, não encontraram Maria Magdalena.

Foi aí que perceberam que sua missão seria mais árdua que a de um cego que persegue uma sombra no meio da noite, pois se um homem lhes dizia que a tinha visto ao norte, uma mulher contava tê-la encontrado ao sul; se uma velha falava que fora para o levante, um menino apontava para o poente.

Mas eles não esmoreceram. De pista em pista, indo e voltando, avançando e recuando, mais incertos que o caminhar de um bêbado, Barrabás e os seus percorreram o país até o dia em que foram dar com os ossos em Tiberíades. Ou, melhor, às portas de Tiberíades, porque, quando ainda estavam a um tiro de flecha dali, subiu pelo oco de seus narizes um odor repugnante.

Vencendo o enjoo e caminhando a custo, entenderam o porquê daquilo: as ruas da cidade estavam atapetadas de peixes mortos.

Não havia um só morador à vista, pois todos se escondiam das ratazanas, gatos do mato, cachorros selvagens, corvos, aves de rapina e lobos que andavam de parte a parte.

Dar meia-volta seria o mais prudente, mas tanto era o desejo de pôr as mãos no pescoço de Maria Magdalena, que Barrabás figurou um plano de combate.

Primeiro determinou que seus seguidores rasgassem panos e fizessem máscaras para abrandar o efeito dos miasmas pestilentos. Depois mandou acender uma fogueira e, por fim, armados com tições, foram ateando fogo aos montes de peixes.

Avançando passo a passo, chegaram ao templo de Netuno, onde um homem se refugiava. Foi ele quem explicou o que ali se dera:

"Há coisa de uma semana saí para pescar e, quando voltei, a cidade tinha sido tomada pelos peixes. Eles ainda estavam frescos, mas eram em tamanha quantidade que, por mais que os comêssemos fritos, assados, cozidos, de enfiada no pão, misturados à sopa e até mesmo crus, não havia como dar cabo deles. Foi então que, atraídas pelo odor, as feras vieram do campo e dominaram a cidade."

"Tua interessante história não me interessa. Estou em busca de uma mulher", interrompeu-o Barrabás.

"Todos estamos", disse o homem.

"A que procuro tem cabelos longos e encaracolados."

"Há muitas destas."

"E olhos como que esmeraldas."

"Agora sobram poucas."

"E uma pinta no canto direito da boca."

"Com tal feição só vi uma nos últimos tempos. Ela passou pelo mercado alguns dias antes da calamidade. Se não me engano, fazia parte de um grupo que ia para os lados de Gerasa."

Chuva de anjos

Como Gerasa ficava perto de Tiberíades, Barrabás e os onze puseram-se em marcha no mesmo instante.

Estavam caminhando pelo leito de um desfiladeiro, já perto da cidade, quando, de repente, algo caiu à frente deles com grande estrondo.

O algo estatelou-se numa pedra, esparramou sangue para todos os lados e algumas vísceras caíram aos pés do grupo.

"Terá caído um anjo do céu?", perguntou Og.

"Só se os anjos tiverem focinho", disse Galal pegando o que parecia ser um nariz de porco.

"Talvez seja um porco com asas. Ou um..."

Og não acabou sua frase, pois no momento seguinte outro algo desabou sobre sua cabeça e ele caiu desmaiado.

Os homens olharam para cima e viram o que nunca imaginaram ver: dúzias de porcos atiravam-se desfiladeiro abaixo, despencando sobre eles, que puseram-se a fugir para todos os lados, assim como as formigas quando se joga uma pedra em seu formigueiro. Uns se apertaram contra a rocha, outros escolheram uma direção e partiram por ali em disparada, e alguns outros se dispuseram a levar Og até um local seguro.

Os porcos continuavam a cair, mas, como por milagre, apenas pegavam de raspão nos braços e pernas dos de Barrabás, ou, às vezes, uma ou outra gota de sangue espirrava-lhes no rosto.

Quando o singular dilúvio finalmente cessou, eles se reuniram num ponto mais à frente do desfiladeiro. Olhando para trás, viram patas esmigalhadas, ossadas partidas, entranhas espalhadas e expressões de horror nos olhos dos animais.

O pobre Og se recobrou, mas recusava-se a seguir viagem, dizendo: "E se daqui a pouco choverem ursos?"

Os homens ficaram tão preocupados com aquela hipótese que resolveram dar meia-volta e passar a noite num caravançará que tinham visto pouco antes.

Na manhã seguinte, sempre olhando para o alto, retomaram a viagem. Mas seguiram por cima do desfiladeiro, com o que levariam um dia inteiro para chegar ao destino.

Quando estavam a menos de uma milha da cidade, algo lhes chamou a atenção: sentado à beira de um poço, um jovem queixava-se aos ventos:

"Ah, como sou desditoso! Ah, como é grande meu infortúnio!"

Ficou Jair comovido ao ver aquela cena e, indo até ele, perguntou: "Homem, que te aconteceu?"

"Aconteceu que eu tinha pouco, poderia ter muito, mas já não tenho nada."

"Hmm?", perguntou Zibeão.

O desditoso explicou: "Quando me morreram os pais, tudo que me restou foi uma parelha de porcos. Eram minha herança e esperança. Um dia, o porco cobriu a porca e esta deu-me uma ninhada. Eis que os filhotes deram à luz outros filhotes e assim, de porco em porco, fui prosperando. Ora, na semana passada, o nobre Valerius Gratus fez-me um pedido: queria quarenta desses animais para uma festa em seu palácio. Era exatamente a quantidade que eu possuía e fizemos acordo. Porém, quando levava a manada, fui castigado por Javé."

"Como, meu amigo?", perguntou Lamaque pondo os braços nos ombros do desolado homem.

"Primeiramente um vento soprou com grande força. Depois a terra sacudiu debaixo de meus pés. E finalmente meus animais enlouqueceram e lançaram-se por aquele despenhadeiro."

"Por mil rabicós!", admirou-se Ananias. "Foram teus suínos suicidas que choveram sobre nós!"

"O pior é que", continuou o jovem, atirando terra sobre a cabeça, "em meio àquela desgraça, surgiu uma odiosa mulher que falou alegremente: 'Aleluia! Aleluia!', como se a morte de meus animais fosse alguma bênção. Ah, tive vontade de arrancar fora aqueles olhos verdes".

"Olhos verdes? Por acaso tinha esta mulher cabelos encaracolados e uma pinta no canto da boca?", perguntou Barrabás.

"É essa mesmo. Tu a conheces?"

"Também quero arrancar seus olhos."

"Então siga para lá", falou o porcariço apontando para a esquerda. "Ela ia para Betânia."

O homem que nasceu duas vezes

Os doze rumaram para Betânia a toda velocidade de suas sandálias. Lá chegando, começaram a perguntar a este, àquele e àqueloutro se tinham visto Maria Magdalena. Não haviam inquirido nem dez pessoas quando um mendigo de andar serpenteado aproximou-se do grupo. Carregava um odre de vinho na mão esquerda e, mostrando ser afável, ergueu a direita numa saudação.

"Muito prazer, ilustres forasteiros", disse ele na confusa língua dos bêbados. "Sou um homem que nasceu duas vezes; deem-me uma dracma e lhes contarei minha história."

Gômer respondeu: "Guarda tuas palavras, pois somos menos que pobres e não dispomos nem de um lepto para te oferecer."

"Tudo bem, tenho tempo de sobra, vou lhes contar assim mesmo", disse o mendigo. E, como quem já narrou um mesmo caso não apenas sete vezes, mas setenta vezes sete, falou assim:

"Meu nome é Lázaro e por longos anos me sustentei emprestando dinheiro. Crescia meu pão com o fermento dos juros e, como meu ofício era cobrar órfãos, viúvas e miseráveis, tornei-me odiado por todos. Pois bem, assim vivi e, há coisa de uma semana, morri. Três dias e três noites habitei na escuridão da tumba e, quando meu corpo já cheirava pior que a ventosidade de uma raposa, ressuscitei. Sim, amigos, envolto nesta mesma mortalha, saí pela porta do sepulcro e fiz o caminho contrário de todo vivente."

Dizendo isso, deu Lázaro um grande gole no bocal do odre, deixando escorrer um fio de vinho que tingia sua barba de rosa.

Ficaram todos admirados com aquela história. Porém, tão curioso quanto o renascimento daquele homem era o fato de que ele não parecia feliz. Intrigados, os gêmeos perguntaram:

"Se tu escapaste da morte...", principiou Jorão.

"...por que estás triste?", completou Jotão.

Lázaro tomou outro tanto de vinho, limpou a boca com uma ponta suja de seus trapos e falou: "Porque sou um morto vivo, ou pior, um vivo morto."

"Não alcancei o sentido desta frase", disse Ananias.

"É que, quando ressuscitei, minha mulher já tinha sido tomada por meu irmão, como reza a lei. Fui reclamá-la junto aos doutores, mas eles afirmaram que, se ela se deitasse comigo, estaria cometendo adultério, pois eu já não era seu marido. Porém, o pior não foi isso, o pior foi que nenhum dos meus devedores quis mais me pagar. Como prova, exibiam o documento de óbito perante o juiz e diziam: 'Com o morto morrem as dívidas.' Já que ninguém pode me dar uma certidão de renascimento ou um atestado de ressurreição, só o que me resta é pedir esmolas em troca desta lamentável história."

Ia Lázaro levando outra vez o vinho à boca quando uma pedra, vinda não se sabe de onde, bateu contra o odre e o lançou longe.

"Pela caneca de Noé, pecador, nem bem o sol nasceu e já estás embriagado?", ouviu-se uma voz a gritar.

Quando Barrabás e os onze voltaram seus olhos na direção de onde partira o grito, ficaram grandemente espantados, porque viram uma mulher. E esta mulher era Maria Magdalena.

Doze passos

Como a criança que se põe a andar pela primeira vez, Barrabás caminhou lentamente até aquela que o abandonara. E, a cada passo que dava, imaginava uma vingança diferente.

No primeiro, pensou em enfiar uma faca em cada uma de suas orelhas para que jamais escutasse a voz de outro homem.

No segundo, em furar seus olhos para que nunca mais visse ninguém.

No terceiro, em arrancar-lhe os dentes para destruir seu sorriso.

No quarto, em decepar seus braços para que jamais voltasse a abraçar alguém.

No quinto, em quebrar seus joelhos para que rastejasse para sempre.

No sexto, em cortá-la em pedaços e dá-los de comer aos abutres.

No sétimo, em atear fogo às suas vestes.

No oitavo, em enterrá-la viva.

No nono, em enforcá-la.

No décimo, em empalá-la.

No décimo primeiro, em matá-la a pedradas como a uma adúltera.

E, no décimo segundo, quando ficou frente a frente com ela, Barrabás atirou-se no chão e disse:

"Perdoa-me."

Abaixando-se para ficar à altura de Barrabás, Maria Magdalena falou:

"Não há o que perdoar."

"Devo ter feito algo para que partisses."

"Não, nada."

Barrabás segurou as mãos dela entre as suas e disse:

"Desde que te foste, derramei muitas lágrimas para apagar a chama dentro do meu peito. Joguei cinza sobre os cabelos, vesti-me com sacos; o vinho me parecia urina, o pão me era pedra. Dormir fez-se meu único gosto, pois nos sonhos estavas sempre comigo. Mas, ah, tinha vontade de matar os galos para que não acordassem o sol, porque sem ti todas as brisas eram tempestades; todo diamante, carvão; toda música, lamento. Eis que agora te encontrei. Nunca mais te separes de mim, oh, minha amada, porque morro a cada dia sem ti."

Porém, em vez de um beijo que selasse aquele amor, o que se viu foi Maria Magdalena levantar-se e falar:

"Não voltarei para ti. Desde que escutei o profeta galileu em Cafarnaum, senti arder meu coração. Por isso abandonei tudo e tornei-me sua discípula."

"Mas tu eras minha!"

"A que era, já não sou."

"Olha nos meus olhos e diz que não me amas."

"Se meus olhos me fizerem tropeçar, eu os arrancarei."

"Se voltares para mim, te darei raros turbantes e caros vestidos!"

"Olhai os lírios do campo. Eles não tecem nem fiam, mas eu te digo que nem Salomão em toda a sua glória se vestiu como eles."

"Não podes ao menos passar parte do tempo ao meu lado?"

"Não se pode servir a dois senhores."

Ele parecia não acreditar no que seu ouvido escutava. Tanto sol, poeira, chuva, vento, peixes e porcos para tudo se acabar num adeus. Naquele instante, Maria Magdalena era como a sombra que caminha ao nosso lado mas que não podemos conter num abraço.

Os onze já davam meia-volta quando ele, em vez de tentar convencê-la, deixou-se vencer e pediu:

"Dize-me o que devemos fazer para sermos aceitos no grupo deste profeta."

"Aleluia! Aleluia!", exultou Maria Magdalena, erguendo os braços para o alto. Depois começou a rodar entre os discípulos, passando as mãos em seus cabelos, fazendo-lhes carinhos e dizendo:

"Jorão, se teu irmão te enganar, tu o perdoarás. Og, se alguém te ferir numa face, oferece a outra; e tu, meu bom Galal, a quem te arrebatar o manto, não recuses a túnica. Lamaque, bendiz os que te amaldiçoam, e, Jeoiaquim, ora por aqueles que te difamam."

Os homens estranharam aquelas palavras, mas logo saíram do torpor e começaram a fazer troças entre si:

Jotão disse a Jorão: "Fui eu quem comi tuas lentilhas, me perdoa."

Malalael deu um tapa em Og e falou "oferece a outra face". E depois deu-lhe outro bofetão.

Jair saiu correndo depois de roubar o manto de Galal.

Ananias amaldiçoou Lamaque, dizendo que seus cabelos cairiam.

E Gômer xingou Jeoiaquim de falastrão.

Isso provocou muita briga entre eles, porque Jorão começou a estapear Jotão por conta de suas lentilhas, Lamaque pôs-se a puxar os cabelos de Ananias, Jeoiaquim mordeu o braço de

Gômer, Galal perseguia Jair e Zibeão tentava segurar Og para que este não estrangulasse Malalael.

Barrabás, vendo tal pandemônio, disse a Maria Magdalena:

"Olha o que fizeste. Isso é o que dá dizer que devemos ser enganados, surrados, roubados, amaldiçoados e difamados. Tua religião não tem sentido."

E ela respondeu: "Pois saiba que, no dia do Grande Juízo, quando houver a ressurreição dos corpos, eu serei contada no número dos santos e estarei do lado direito de Javé, enquanto os pecadores serão lançados num lugar onde só há choro e ranger de dentes."

Irritado, Barrabás perguntou: "Que Juízo? Não vês, mulher, que tudo isso são fantasias?"

"Se são fantasias, como explicas a ressurreição de Lázaro?"

Barrabás fez ares de pouco-caso: "Quem me garante que aquele bêbado não ganha a vida contando esta história?"

Maria Magdalena, com ar sereno, falou: "Pois, se um dia também derrotares a morte, talvez eu volte a ficar do teu lado. Adeus. Vou encontrar com minha gente em Jerusalém."

Os dentes da serra e os dentes da boca

Longa foi aquela noite para Barrabás.

Por mais que tentasse, não parava de pensar que outra vez perdera Maria Magdalena. Não parava de pensar que a vida sem ela era sem graça e sem gosto. E não parava de pensar que só voltaria a tê-la se vencesse a inimiga invencível, a indesejada das gentes, a morte.

Apenas conseguiu fechar os olhos quando o sol já nascia, e mesmo assim por poucos minutos, pois foi acordado por um vozerio.

Tão altos eram os gritos que Ananias foi ver o que passava. Encontrou duas mulheres que discutiam e um homem que tapava os ouvidos.

Depois de apartadas, as duas contaram qual era o motivo da disputa e pediram sua opinião.

O discípulo coçou a cabeça para ver se dali saía alguma ideia, mas nada aconteceu: "Não estou à altura desta questão, mas debaixo daquela figueira seca dorme um sábio que pode resolver o caso."

As mulheres e o marido concordaram que Barrabás julgasse a querela, e Ananias foi chamá-lo.

Pouco depois ele chegou. Tinha a túnica amarrotada, olheiras profundas e os cabelos em alvoroço.

O homem se adiantou e explicou o caso: "Rabi, sou um rico fazendeiro e estas são minhas esposas. Ambas deram à luz dois meninos com apenas três dias de diferença. Ora, tendo as duas adormecido, aconteceu que uma delas virou-se sobre uma das crianças e a matou. Hoje pela manhã, logo que acordaram, cada uma pôs-se a clamar que o filho vivente lhe pertencia. Desde então não tenho paz."

Ouviu Barrabás atentamente a questão e, depois de refletir um pouco, ordenou: "Tragam-me uma serra."

Quando apareceram com a ferramenta, falou ele assim: "Só uma é a mãe da criança, mas ambas querem ficar com ela. Farei, pois, o seguinte: serrarei as duas ao meio e depois costurarei o lado esquerdo de uma no direito da outra. Desta forma, ao menos uma metade de vós ficará com a criança, e meia justiça é melhor que justiça nenhuma."

Dito isto ele ergueu a serra e perguntou: "Quem será a primeira?"

Uma das mulheres, adiantando-se, disse: "Faça-se conforme a tua vontade, oh, mestre."

A outra, porém, vociferou: "Serrar-me ao meio!? Essa é boa! Não admito que este doidarrão toque em mim!"

No mesmo instante, Barrabás pronunciou sua sentença: "A mulher que não aceitou ser cortada deve ficar com a criança. A outra é uma louca que não pode cuidar de ninguém, nem de si mesma."

Todos em volta se admiraram do juízo de Barrabás e deram vivas à sua sagacidade. O fazendeiro, que já não suportava os gritos entre suas esposas, foi quem mais se deu por satisfeito, e, como recompensa, presenteou-o com um alforje recheado de moedas.

Mas este não foi o fato mais importante daquele dia.

O fato mais importante daquele dia foi que, tendo ido embora as mulheres, Barrabás passou sem querer um dedo pelos dentes da serra e o cortou. Ele olhou para seu sangue e para a serra algumas vezes, como se penetrasse nalgum mistério. Então seu olhar ganhou um lume e dentes apareceram-lhe na boca. Logo o sorriso tornou-se risada e a risada fez-se em estrondosa gargalhada.

Os onze olhavam para ele sem nada entender, e sem nada entender continuaram quando Barrabás finalmente acalmou-se e bradou: "Eia, vamos fazer o maior dos milagres!"

A última ceia

Saindo de Betânia, caminharam eles até o povoado de Bet-
-Fagé, onde acamparam.

Lá bateram à porta de um carpinteiro que lhes vendeu
tábuas de acácia, pregos, martelo, verruma, formão, plaina
e talhadeiras, e começaram a trabalhar na fabricação de um
caixote.

Tinha este a altura de três palmos, a largura de um braço
estendido e seu comprimento era pouco menor que a altura de
um homem.

Nos dias seguintes, do cantar do galo ao piar da coru-
ja, todos prepararam roupas e objetos, e ensaiaram graciosos
movimentos.

Quando, por fim, o que tinham que preparar preparado
estava, Barrabás reuniu seus homens e disse:

"Façamos uma ceia."

Sentaram no chão formando uma meia-lua e Barrabás ficou ao centro. Ele lhes serviu vinho em cubas de barro e dis-
tribuiu pães feitos com trigo de Hafaraim. Conversavam com
alegria até que, de repente, Barrabás assumiu um ar grave:

"Rogo que fecheis vossos olhos e escuteis as palavras da minha boca."

Todos ficaram em silêncio, esperando algum sábio ensinamento. Mas o que se ouviu foi um grito: "Ai!"

Abrindo os olhos, descobriram que o "ai" saíra da boca de Jeoiaquim. Esfregando sua testa, ele perguntou: "Quem foi o pelintra que me atirou um naco de pão?"

"Eu!", riu-se Barrabás. E em seguida acertou mais um em Jorão e outro em Jotão.

Logo principiou-se uma grande folia, com todos jogando pães uns nos outros e abaixando-se para escapar dos pedaços que voavam. Depois apanharam também as cubas de vinho e, feito crianças, molharam-se com alegria, encharcando as túnicas e manchando os turbantes dos companheiros.

Naquela noite dormiram imundos e felizes. Não sabiam que tinha sido sua última ceia.

A assombrosa história de Jorão e Jotão

Nascidos em Alexandria, os gêmeos nunca se apartavam e eram como sombras um do outro. Tinham gosto em lidar com tochas, fogueiras e todo tipo de matéria flamejante. Dominavam até a arte de cuspir fogo, com o que causaram um incêndio na biblioteca de sua cidade.

Por conta de seus muitos acidentes com chamas, tinham as cabeças calvas e os corpos pelados de pelos, o que os deixava ainda mais iguais.

O umbigo do mundo

O orvalho sobre as folhas começava a secar quando Barrabás e os onze se puseram em marcha. Não eram eles os únicos andarilhos da estrada. Gente de todos os cantos de Israel também se dirigia a Jerusalém. Todos iam celebrar o Pessach.*

Grande foi a admiração dos doze quando contornaram o monte das Oliveiras e viram a Cidade Santa. Ela surgiu, resplandecente, do outro lado do vale. Era como um diamante de mil facetas a refletir a luz do sol.

Não havia quem não parasse ali para soltar exclamações, chamando Jerusalém de "umbigo do mundo", "noiva do Altíssimo", "joia de Israel" e "morada da paz eterna".

Realmente era uma cidade de grandíssimas grandezas, como o Teatro, o Hipódromo, o palácio de Herodes Antipas, o Gimnasium e as três torres da fortaleza Antonia.

Mas, assim como a Lua se destaca sobre as estrelas, o glorioso Templo sobrepujava tudo à sua volta.

---

* Festa judaica que comemora a fuga dos hebreus do Egito.

Ele fora feito de um mármore mais branco que o leite e media dois estádios e meio de comprimento por um e meio de largura.* E, quanto mais se descia em direção ao vale, mais majestoso se mostrava.

Tão altos eram seus muros que poderiam ser chamados de muralhas. Para entrar por eles havia oito portas de trinta côvados de altura e quinze de largura, que davam a impressão de só poderem ser abertas por gigantes. Sete eram recobertas de ouro e prata, e uma, a mais imponente, tinha cachos de uva de bronze do tamanho de um homem, sendo por isso conhecida como Porta Formosa.

Uma vez lá dentro, sentia-se um inebriante cheiro de churrasco que vinha do sacrifício de bois, carneiros e pombas.

O ponto mais sublime da construção era um perfeito cubo que media oitenta côvados de altura, de largura e de comprimento. Ali ficava o Santo dos Santos, sala onde só ao sumo sacerdote era dado entrar; e somente uma vez por ano, no Dia do Perdão. Este momento era esperado com temor e tremor, pois se o Todo-poderoso não aceitasse a oferenda de incenso, destruiria o sumo sacerdote, o templo, Jerusalém e o mundo.

Avançando mais um pouco, os doze cruzaram o rio Cedron.

Chegando à outra margem, Barrabás chamou Galal e disse: "Toma este dinheiro e traz a maior montaria que encontrares."

Seguiu, pois, Galal um caminho à sua esquerda e, depois de andar meia milha, deu numa baixada onde se instalava um grande circo.

Passando pelos cochos das bestas e pelas jaulas das feras, ele viu jumentos, cavalos, bois, dromedários, camelos e leões. Já

---

* Um estádio equivale a aproximadamente 185 metros.

pensava em apanhar o camelo quando olhou para os lados do riacho e avistou, sendo banhado por três homens, aquele que sem dúvida era o maior animal que ali se podia encontrar: um elefante.

A monstruosa história de Galal

Galal de Crocodileia tinha a pele coberta de tatuagens, cada uma representando um animal diferente, de modo que seu corpo era como uma arca de Noé.

Sua mãe morreu no parto e ele foi adotado por um grupo de pastores. Cresceu sugando tetas de cabras, vacas e ovelhas. Quando jovem, trabalhou no anfiteatro de Thysdrus, cuidando dos bichos que iam entrar na arena. Chegava a dar-lhes nomes, entendia os seus grunhidos e chorava suas mortes como se fossem de um parente.

Um dia, cansado de vê-los sofrer, abriu todas as jaulas, de modo que leopardos, panteras, girafas, leões e até um rinoceronte se espalharam pelas ruas da cidade, assustando todos e matando muitos.

A morte de Barrabás

Era por volta da hora sexta quando o grupo de Barrabás chegou à entrada da cidade.

Poucas vezes na história dos homens se viu espetáculo tão fabuloso.

Havia uma multidão em frente à Porta Formosa quando Jorão, Jotão, Og, Galal e Gômer, o gordo, deram-se as mãos e fizeram um círculo. Depois, Jair, Jeoiaquim e Zibeão subiram por eles e ficaram em pé sobre seus ombros. Causou aquilo grande assombro, mas, quando Malalael e Lamaque fizeram os corpos dos amigos de escada e criaram um terceiro andar, assovios ecoaram pelo vale do Cedron. E os assovios viraram gritos quando Ananias escalou as costas dos outros discípulos e chegou ao topo da pirâmide humana.

Estavam todos recobertos de barro, de modo que de longe pareciam uma pequena montanha. Entre aqueles que os cercavam havia judeus, samaritanos, gentios de toda casta e até mulheres. Entre elas, Maria Magdalena.

Quando cessaram as palmas, a pirâmide se desfez, com os menores e mais magros descendo pelos corpos dos maiores e mais robustos.

Dividiram-se os onze em duas colunas e, apanhando chofares, sopraram um toque em uníssono.

Foi quando, na ponta da rua, apareceu o elefante. Ele havia sido pintado com uma tintura da cor da gema do ovo e guizos haviam sido amarrados em suas patas e presas.

Tão extravagante quanto a figura do animal era a daquele que vinha em seu lombo: Barrabás, o profeta!

Vestia ele uma túnica branca. Seu cajado fora pintado com as cores do Arco da Aliança e saíam dele uns fios de algodão que ondeavam aos caprichos do vento. De seus ombros, amarrada com fios dourados, caía uma capa púrpura. Era ela tão comprida que cobria as ancas do elefante e ainda arrastava-se pelo chão.

O povo, bestificado, balançava ramos de palmeiras, enquanto os discípulos espalhavam pétalas de narciso pelo ar.

O elefante era como um navio cruzando por entre ondas de gente humana.

Depois de atravessar a Porta Formosa, ele entrou no amplo Pátio dos Gentios, onde a multidão pôde se acomodar sem problemas.

Curiosamente, as barracas dos vendilhões estavam quebradas e seus produtos espalhados pelo chão, como se tivesse havido um tumulto ali. Mas isso não atrapalhou a cerimônia.

Primeiro os onze discípulos formaram um círculo e ali ficaram de mãos dadas.

O elefante, depois de sugar a água de uma tina, fez com que jorrasse uma chuva sobre eles, tirando o barro que os revestia.

Desfizeram, pois, o círculo, e foram exibir suas artes.

Ananias deu saltos, cambalhotas e atirava-se ao chão com grande risco de se quebrar.

Galal fazia meneios enquanto duas cobras se enrodilhavam em seu corpo.

Zibeão imitava os modos de um macaco, tirando muito riso dos presentes.

Jair fazia malabarismos com adagas e Gômer, o gordo, com maçãs.

Jorão e Jotão lançavam tochas flamejantes um para o outro.

Entre eles, Malalael soprava um longuíssimo cachimbo, desenhando formas curiosas com a fumaça.

Lamaque subiu ao lombo de um jumento e passou a dançar sobre ele. Estavam todos ainda impressionados com isso quando veio Og e ergueu o jumento e Lamaque acima de sua cabeça.

Finalmente, Jeoiaquim apanhou um tapete escarlate e o fez rolar do alto da escadaria que levava ao interior do Templo. Depois, batendo palmas, fez sinal aos companheiros, avisando que era chegado o grande momento.

Os dez se colocaram ao lado de Jeoiaquim, que disse em altos brados:

"Povo de Jerusalém, apresentar-vos-ei aquele que não é um homem como eu ou como vós, pois há mais sabedorias em sua cabeça do que conchas na praia, estrelas no céu ou pulgas num cão. Quando ele se levanta, tremem as ondas do mar e as dunas do deserto lhe dão passagem. Se uma espada o toca, ela não resiste, nem a lança, nem a azagaia, nem o dardo. O ferro para ele é palha; o bronze, pau podre. Dai-nos a honra de vossa presença, ó grande mestre. Mergulha-nos na límpida verdade do barro."

Vestindo somente sua túnica branca, ele surgiu no alto da escadaria, abriu os braços e foi aplaudido por todos. Ou quase todos, pois Maria Magdalena, que estava à frente da multidão, manteve as mãos silenciosas.

Quando a aclamação abrandou, assim falou Barrabás:

"Filhos de Israel, eu vos pergunto: quem é a maior inimiga do homem? Quem é aquela contra a qual não adiantam nem a flecha certeira nem a espada afiada? Quem é aquela que não há porta que contenha nem prisão que segure? Quem é a inimiga que pode nos vencer no meio de uma batalha sangrenta ou enquanto dormimos em nossa esteira?"

Vários dos do povo arriscaram respostas, gritando coisas como: "as aranhas", "Roma" e "nossas esposas".

"Errais!", exclamou Barrabás. "Errais tremendamente!"

E depois disso ficou a andar em silêncio de um lado para outro.

A multidão perguntava: "Quem é essa inimiga?", "Quem?", "Dize-nos!"

Ele fez sinal para que todos se calassem e concluiu com ar solene: "Nossa maior inimiga é a morte."

Um longo "oh" ecoou pelo Templo.

Barrabás continuou: "Para enfrentá-la rezamos, lutamos e até matamos. Mas sabemos que a derrota é certa. Ela pode ser adiada; vencida, jamais."

O povo concordou balançando as cabeças.

"Porém, hoje e aqui", falou Barrabás erguendo os braços aos céus, "eu hei de derrotá-la!"

Naquele instante, sem precisar de aviso ou sinal, os onze estenderam um pano negro ocultando seu mestre. E, passado um tempo, quando baixaram o tecido, a plateia ficou assombrada com o que viu.

Tinham enfiado Barrabás dentro de um caixote, aquele mesmo que fabricaram quando estavam acampados em Bet-Fagé. Seu corpo, no entanto, não cabia por inteiro no ataúde, pois numa ponta a cabeça saía por um buraco e, na outra, os pés davam passos no ar.

Então ele olhou para as gentes e viu Maria Magdalena:

"Preciso da ajuda de um de vós. Tu, mulher, com uma pinta no canto da boca, poderias subir até aqui?"

Houve um virar e revirar de cabeças, com as pessoas buscando quem era a tal. Quando a encontraram, disseram "Vai!", "Anda!", "Sobe!".

A passos hesitantes, Maria Magdalena escalou os degraus da escadaria. Quando se pôs à cabeça do encaixotado, ela perguntou: "Que queres de mim?"

Fez ele um sinal para Zibeão, com o que este apanhou uma comprida serra e mostrou-a para o público.

E disse Barrabás para Maria Magdalena: "Quero que me cortes ao meio."

No mesmo instante, o sangue abandonou as faces da filha de Atronges. Ela mal podia respirar e tremia como um caniço ao vento: "Deves estar brincando. Não posso fazer tal coisa."

"Não querias que eu vencesse a morte? Pois antes tenho que perder a vida."

Lá embaixo, a plebe gritava: "Corta, corta, corta!"

Como Maria Magdalena não se movesse, Barrabás desafiou-a: "Verás que sou maior que aquele a quem segues."

Num ímpeto de raiva, ela apanhou a serra das mãos de Zibeão e, ficando de frente para a audiência, posicionou-se no centro do caixote.

Quando a serra rompeu a madeira e arrancou as primeiras lascas, o povo deu vivas.

Maria Magdalena, porém, logo se arrependeu. Com os olhos rasos d'água, rogou: "Barrabás, afasta de mim essa serra."

Foi o mesmo que não ter dito nada. Firme como a rocha, o encaixotado esbravejou: "O que tens que fazer, faze depressa."

Continuou ela, pois, seu trabalho.

Réque, réque, réque.

A pobre mulher já nem via mais o vaivém de seu braço, tantas eram as lágrimas que lhe inundavam a vista.

Descia a serra com seus dentes vorazes rompendo a madeira até que se ouviu um grito. Não correu o tempo de um piscar de olhos e as bordas do caixote inundaram-se de um líquido escarlate.

Imediatamente Maria Magdalena parou de cortar, mas, com voz trêmula, Barrabás ordenou: "Continua!"

Réque, réque, réque.

Quanto mais a lâmina se afundava na madeira, mais o vermelho caldo se esparramava pelo chão.

A multidão mal respirava, e Maria Magdalena continuou cortando até que a serra separou a caixa em duas partes.

"Oh!", exclamaram todos.

Numa metade do caixão, os pés do mestre ainda se agitaram um pouco, até que pararam de vez. Na outra, sua cabeça pendeu para o lado do público e seus olhos fecharam-se lentamente.

Tão grande era o silêncio que se podia ouvir o tatalar das asas de uma borboleta.

Pasmas, boquiabertas, as pessoas trocavam olhares de incredulidade como se dissessem: "Terão mesmo acontecido estas coisas? Não fomos enganados pelos nossos olhos?"

Lá no alto, os discípulos agiram com extrema rapidez:

Gômer e Jeoiaquim afastaram as duas metades do caixote, como que para provar que ele havia sido realmente cortado ao meio.

Zibeão passou entre as partes e voltou pelo mesmo caminho, manchando seus pés de vermelho.

Nem bem Og e Jair haviam rejuntado as metades, Malalael e Galal ergueram o grande tecido negro como uma cortina à frente do caixote.

Jorão e Jotão acenderam duas tochas, e Lamaque dedilhou no saltério a famosa melodia "Murcharam as rosas no vale do Sicaron".

Quanto a Maria Magdalena, permanecia parada no alto da escadaria, olhando para a serra cujos dentes estavam cobertos de sangue. Um sangue tão inocente que recendia a amoras.

Mas logo algo a tirou daquele torpor: uma pedra.

Foi ela lançada pela mão furiosa de um ancião e acertou sua testa.

Atrás daquela vieram outras, acompanhadas de palavras como "assassina", "pecadora" e "maldita". Maria Magdalena não se protegeu nem fugiu, como que querendo ser apedrejada até a morte.

A turba já subia as escadas para destroçá-la quando aconteceu a maravilha das maravilhas. E foi isso que rasgou-se o manto negro que estava à frente das metades do caixote e de lá saiu, inteiro, vivo e sorridente, Barrabás.

Para não deixar dúvidas quanto ao milagre, despiu-se de suas roupas, mostrando que o corte se fechara e não restava sinal dos dentes da serra.

Maria Magdalena tapou os olhos com as mãos, não conseguindo acreditar no que via.

Então Barrabás a chamou para que lhe apalpasse o ventre, para que os dedos cressem no que os olhos duvidavam.

Tocou-o Maria Magdalena e, emocionada, gritou: "Aleluia! Aleluia!"

Depois disso, até mesmo os mais brutos e descrentes, até mesmo os mais duros de coração, curvaram-se diante da glória do filho do pai. E diziam todos:

"Hoje vimos o impossível! Bendito é esse profeta, pois nem a morte tem poder sobre ele!"

Ajudado por Jorão e Jotão, subiu Barrabás sobre o caixote e falou:

"Filhos de Jacó, netos de Abraão, atentai para minhas palavras:

"Fui dividido em dois e meu sangue encharcou este chão.

"Mas voltei.

"A garganta da morte me engoliu e fui tragado pelas profundezas.

"Mas voltei.

"Saltei sobre o mais profundo dos abismos e atravessei a caverna sem fim.

"Mas voltei. E sabeis por quê?"

Nunca tantas sobrancelhas se ergueram de uma só vez. Mas o mestre não respondeu de imediato. Antes fez um sinal estalando os dedos, com o que Ananias e Og se aproximaram: o primeiro carregava uma bacia com terra e o segundo trazia uma botija d'água. Depois de misturar os dois elementos, Barrabás untou a barriga com aquele caldo e exclamou:

"Voltei porque o barro triunfou sobre os poderes da morte! Viva o barro!"

Barrabás abriu os braços em cruz e ouviu-se a maior ovação jamais feita na história. Era uma mistura de aplausos, urros, gritos, assobios e gemidos. E também tilintares, porque o povo atirou sobre ele um sem-número de leptos, uma imensidão de ceitis, muitíssimos quadrantes, várias dracmas e até alguns talentos de prata.

Enquanto o mestre tornava a vestir sua túnica branca, alguns dos discípulos apanhavam com destreza as moedas do chão e outros já preparavam a multidão para receber o lamacento batismo.

Porém, no auge desta suprema felicidade, ouviu-se um toque de clarim.

O duelo

Ficaram as gentes muito intrigadas, mas, quando olharam para trás, perceberam quem estava chegando e entenderam a razão de tal pompa.

Entre respeitosas e tementes, abriram caminho para um homem passar. Era como se ele fosse Moisés, e o povo, o mar Vermelho.

Usava ele um turbante em forma de coroa e uma sobrepeliz vermelha em cima da túnica branca. Nesta, havia um peitoral onde se viam engastadas pedras de sárdio, topázio, granada, esmeralda, safira, diamante, zircão, ágata, ametista, berilo, ônix e jaspe. Cada qual representando uma das tribos de Israel.

Ele atravessou o pátio num andar solene e inabalável. Mas, quando chegou ao pé da escadaria, Barrabás o repreendeu:

"Alto lá! Nem mais um passo! Quem pensas que és para atrapalhares minha pregação?"

Erguendo a cabeça, o homem falou: "Os que me conhecem me chamam de Caifás."

Barrabás ficou surpreso, e surpreso disse: "Oh, mundo de tantas encruzilhadas... Quem diria que nos encontraríamos de novo, rabi?"

"Rabi fui quando eras pequeno. Agora sou o sumo sacerdote dos judeus."

"E eu, o sumo sacerdote dos barrabistas."

"Tua fé é uma mentira."

"E a tua?"

"É a verdadeira."

"Todas dizem que são."

"Blasfemo! Profanaste este solo sagrado com palavras vazias e um espetáculo vulgar. Tira teus pés daqui!"

"Se Javé quiser que eu saia, é só ordenar que obedecerei", disse Barrabás olhando para o céu e pondo a mão em forma de concha no ouvido. Passado um tempo, gracejou: "Ouviste alguma coisa? Eu também não."

"Saias do Templo ou te amaldiçoarei!"

"Não tenho medo das pragas de um escravo de Roma."

Tomado pela ira, disse Caifás: "Pois maldito serás ao entrares e maldito serás ao saíres."

E disse Barrabás: "Odiado será teu nome, e nenhum pai o dará a seus filhos."

E disse Caifás: "Esquecidas serão tuas palavras, e teus feitos serão enterrados sob a lama do tempo."

E disse Barrabás: "Muitas vezes contarão tua história, que será motivo de asco e ojeriza até o fim dos dias."

E disse Caifás: "Ninguém saberá onde encontrar teu corpo, pois não terás sepultura nem lápide."

E disse Barrabás: "Maldito o fruto de tua carne, pois ele te dará arrependimento e vergonha."

Nada respondeu Caifás a essa última imprecação. Apenas ficou olhando para Barrabás até que, com ar decidido, ordenou: "Guardas, prendei este insolente."

De todos os lados apareceram soldados. Não dez ou uma dúzia, mas dez dúzias de fortíssimos homens que usavam capas vermelhas e brandiam grandes espadas.

Imediatamente a multidão se espalhou e Maria Magdalena correu na direção da porta mais próxima.

Os de Barrabás, porém, não se entregaram sem lutar.

Ananias dava cabeçadas no estômago dos inimigos.

Galal distribuía cotovelaços.

Jorão e Jotão queimavam os soldados com seus tições.

Jeoiaquim enfiava-lhes os dedos nos olhos com perícia.

Gômer aplicava-lhes umbigadas, Malalael dava-lhes pontapés e Lamaque mordia-lhes os braços.

Og apanhava os inimigos de dois em dois e batia-lhes as testas.

Zibeão derrubava-os com rasteiras, e Jair, atirando-se sobre eles, cortava olhos, narizes e orelhas.

Quanto a Barrabás, dava golpes com pedaços do caixote na cabeça dos adversários.

Nunca aqueles homens lutaram com tanta bravura, porém, a verdade é que os poucos podem muito, mas, contra muitos, pouco podem.

Ao fim do combate, ficaram os de Barrabás cheios de inchaços pelo rosto, lanhos pelo corpo e nenhum dinheiro nos alforjes, pois Caifás confiscou até a última moeda que haviam arrecadado.

Depois de os empilharem num carro de boi, os guardas os levaram para fora das portas da cidade e os lançaram todos nas valas de lixo do Hinon.

Todos menos Barrabás, porque este foi preso e levado até a presença dos Setenta e Um.

Os Setenta e Um

Eles estavam reunidos numa grande sala do Palácio de Caifás, sentados em forma de meia-lua, com um secretário em cada ponta: um para anotar as falas da acusação, outro para registrar as da defesa. Todos portavam um ar de fadiga, pois haviam acabado de julgar outro caso.

Tomando a palavra, o sumo sacerdote se pronunciou:

"Ilustres irmãos de fé, tantas são as acusações contra este homem que não saberei contá-las todas. Eis, porém, algumas: blasfêmia, heresia, violação do Templo, prática de magia, desacato, atentado ao pudor e arrecadação ilegal. Por esses atos infames teremos que julgá-lo."

"O acusado quer dizer algo em sua defesa?", perguntou um dos juízes, de nome Nicodemos.

Barrabás ficou em pé, entrelaçou os dedos e franziu a testa com ares de pensador: "Pode alguém ser condenado por fazer milagres e receber presentes de gratidão? É claro que não, pois isso é o que faz o próprio Javé, que oferece milagres em troca de adoração e oferendas."

Naquele momento, um outro ancião, dito Gamaliel, falou a seus colegas: "Este homem é presumido e perigoso. Chega de sermos insultados! Vamos mandá-lo para a cruz."

Passando a mão por seus cabelos, já mais brancos que ruivos, ponderou Caifás: "Talvez a cruz seja um exagero. O açoite estaria de bom tamanho."

"Acabamos de pedir a morte de outro homem por igual pecado. Não podemos ter um peso e duas medidas", arrazoou um que se chamava Elisafate.

"Não será sangue demais para um dia de festa?", considerou Caifás.

Ouviu-se um pigarro no fundo da sala. Ele veio da garganta de Anás, o mais velho dos conselheiros e que fora o sumo sacerdote antes de Caifás.

Andando pela sala, ele ajuizou sobre a questão:

"Saberá alguém o número de aves que voa pelo céu? Terá alguém contado os peixes do mar? Pois eu vos digo: já houve no mundo mais religiões do que asas e barbatanas. Todas tinham suntuosos templos, ricos sacerdotes e devotados seguidores; no entanto, que restou de sua glória? Quem fala hoje de Nammu? Quem oferece uma pulga em sacrifício a Dagon? Encontrai um templo de Marduk se puderdes. Onde estão os altares de Damona, Ésus, Drunemeton, Dervones, Adsalluta, Deva, Belisama, Borvo, Grannos, Mogons e Sutekh, o deus do vale do Nilo? Mostrai-me um só homem que dobre os joelhos para Anath, Nebo, Yau, Molech, Inanna ou Enlil e vos darei toda a minha fortuna."

Olhando para o alto, Anás prosseguiu: "Sabeis por que todos eles desapareceram? Porque os deuses lutam entre si todo o tempo, e só os mais bem armados sobrevivem. Javé tem a espada romana e deve usá-la contra aqueles que o desafiam."

Setenta cabeças viraram-se para Caifás, que, passando os dedos sobre o menorá, rendeu-se: "Com espírito de sabedoria falou meu sogro. Há que acabar com os inimigos antes que acabem conosco. Penso que devemos levar o acusado aos romanos para que o executem. Alguém discorda?"

Apenas Barrabás levantou o braço.

Roma dixit

O povo se acotovelava em frente à escadaria da Fortaleza Antônia quando um gordo arauto anunciou: "Vamos dar início aos festejos do Pessach. Primeiramente teremos o discurso do praefectus da Judeia, Sua Magnificência Poncius Pilatos."

Ouviu-se uma estrondosa vaia quando este apareceu.

Pilatos fez um gesto de agradecimento, caminhou até o púlpito e disse:

"É bom saber o quanto sou amado por vós. É bom saber o quanto sois gratos por termos trazido civilização para esta aldeia. Crede-me, queridos judeus, eu não gostaria de estar em outro lugar agora. Não preferiria estar em minha mansão na fresca Ligúria ou num indecente bordel em Roma. Não, nada disso. Prefiro estar aqui, apodrecendo neste país de excêntricos."

Outra sonora vaia ecoou pelos muros de Jerusalém. Pilatos fez que nada ouviu e continuou:

"Ah, lugar encantador! Se vou à janela, em vez de verdejantes campinas vejo adoráveis desertos. E que natureza conveniente: o sol é tão forte que me faz suar, mas a aragem é tão abafada que me seca logo em seguida. Quanto ao vinho, que riqueza de sabores: vão desde o esterco de bode até a baba de camelo."

Mais alguns xingamentos foram dirigidos a Pilatos, que, curvando a cabeça várias vezes, disse:

"Obrigado, obrigado. Agora vamos dar início à celebração. Começo por lhes dar os parabéns pelo Pessach, a festa da vossa libertação, que gentilmente permitimos que celebreis. Foi o começo da admirável jornada que os levou a tomar posse deste país. É verdade que aqui já moravam os cananeus, os heveus, os heteus, os amorreus, os periseus e os jebuseus. Mas, enfim, azar deles, porque vós fizestes valer vosso direito divino e os trucidastes. Por tudo isso, meus sinceros parabéns", concluiu ele fazendo uma graciosa mesura.

Desta vez o povo ficou em dúvida se devia aplaudir ou vaiar, e houve uma confusão de sons. Continuando os festejos, bradou o gorducho arauto:

"Vamos receber agora o sumo sacerdote."

Caifás entrou no pátio e, logo atrás, conduzidos por quatro guardas, vieram Barrabás e um outro profeta, ambos de mãos amarradas.

"Excelentíssimo praefectus!", disse Caifás para Poncius Pilatos, "os Setenta e Um pedem a pena de morte para estes dois homens".

"Que fizeram eles?"

"Zombaram de nossa religião."

"Sério? De qual parte? Das cobras falantes, dos mares que se abrem, dos barcos onde cabem todos os animais, das torres que vão até o céu ou dos cabelos que dão força? Bem, deixe para lá, não me interessa. Vamos crucificar os blasfemadores."

Naquele instante, curiosamente, Barrabás e o outro fecharam os olhos e disseram ao mesmo tempo: "Pai, tende piedade de mim."

O sumo sacerdote olhou na direção dos dois, respirou fundo e, como se tivesse lembrado de algo, aproximou-se de Pilatos dizendo: "Praefectus, eu adoraria vê-los lado a lado nas cruzes, mas não posso esquecer que temos a tradição de libertar um prisioneiro no Pessach."

Poncius Pilatos olhou para as nuvens ao ouvir aquilo e disse: "Pelas doze tábuas, estas suas leis me deixam doido."

"Vede bem, excelência,", ponderou Caifás, "injustamente o povo diz que vós sois uma besta cruel e sanguinária, um carrasco infame, um monstro degenerado, um carniceiro idiota e sem coração..."

"Onde queres chegar?"

"Penso que não há melhor forma de demonstrar o contrário do que dando uma prova de clemência."

O romano soltou um suspiro e disse: "Vá lá. Façamos tal eleição. Pelos menos nos divertiremos um pouco."

Caifás dobrou a cerviz, beijou a mão do praefectus e disse: "Que Júpiter lhe dê muitos dias sobre esta terra."

Poncius Pilatos desprendeu suas mãos das do sacerdote e pediu aos servos uma bacia com água para lavá-las. Já as enxugava quando bradou: "Soldados, levai os dois até o púlpito. Que a ralé decida quem será libertado e quem irá para a cruz. Roma dixit!"

Vox populi

Os soldados empurraram Barrabás e o outro profeta até a frente da escadaria para serem vistos pela multidão.

Poncius Pilatos ficou entre os dois e falou: "Estimados bárbaros, quem quereis que eu liberte: o da esquerda ou o da direita?"

O povaréu pôs-se a gritar os nomes dos prisioneiros, mas nenhum dos grupos conseguia sobrepor-se ao outro, reinando tal garabulha de vozes que aquilo mais parecia o mercado de peixes da torre de Babel.

Naquele momento, Maria Magdalena, que até então estava muda em meio às gentes, mal acreditando no que via, foi tomada por um ímpeto e bradou:

"Maldito seja este dia e dele não se fale mais até o fim dos tempos. Chorai e arrancai vossos cabelos, filhos de Israel, porque dois santos homens estão à beira da morte."

"Santos?", perguntou, admirado, um rapaz com espinhas no rosto. "Por que os chamas assim?"

"Porque ambos nasceram de mães virgens."

"Isso não é tão incomum. Eu mesmo nasci sem pai", observou um zarolho.

"Um e outro fizeram muitos milagres", continuou Maria Magdalena. "Graças a eles, cegos enxergaram, paralíticos andaram e legiões de demônios foram expulsas."

"Isso qualquer profeta faz", ponderou um coxo. "Queremos ouvir algo realmente diferente."

"Eles andaram sobre as águas."

"Eis aí um feito exótico", comentou o zarolho, que olhou de lado e viu que já eram muitas as pessoas que seguiam aquela conversa. Uma delas perguntou: "Tens mais algum prodígio para nos contar?"

Maria Magdalena pensou um pouco e, depois de olhar para o alto da escadaria, disse em voz baixa: "Barrabás morreu e ressuscitou."

Como era de se esperar, vários descreram de suas palavras e falaram: "Não pode ser", "Duvido" e "Esta mulher é doida".

Porém, aproximaram-se alguns dos que tinham visto o milagre do caixote e disseram: "Ela não mente", "Vi tudo com meus próprios olhos", "Ele partiu-se em dois e se juntou."

O rapazote cheio de espinhas, pondo-se à frente dos demais, perguntou: "E quanto ao outro, também voltou dos mortos?"

Baixando a cabeça com pesar, Maria Magdalena respondeu: "Não."

Depois disso recomeçou a gritaria, mas desta vez um nome se sobrepôs ao outro e Poncius Pilatos falou aos guardas: "Até que enfim, um desempate! Soltem o tal de Barrabás e crucifiquem o outro."

A verdadeira verdade

O filho do pai desceu a escadaria com os braços erguidos. Lá embaixo, o povo o esperava gritando: "Barrabás! Barrabás!"

Nem bem pisou o último degrau, um homem chamado Simão Cireneu o ergueu sobre os ombros e seguiu adiante da multidão, levando-o em triunfo.

Vista do alto, a turba parecia uma enorme serpente que se alongava e engordava ao deslizar pelas ruas.

Em meio à aclamação, o filho do pai recebia os cumprimentos e os afagos das gentes. Músicas eram cantadas em seu louvor e vinho era oferecido pelos moradores das casas.

Naquele momento ele encarnava o Messias, o restaurador da glória de Israel. Se quisesse, poderia fazer um exército e marchar à frente dele como general; se preferisse, poderia tornar o barrabismo a maior das religiões, com templos espalhados por todo o mundo.

Mas ele esqueceu essas glórias vãs quando olhou à esquerda e viu Maria Magdalena, que, de cima de uma carroça, acenava para ele.

Barrabás desceu dos ombros de Simão Cireneu, empurrou alguns fiéis que lhe pediam bênçãos, saltou por outros que se ajoelhavam à sua frente e subiu até a carroça. Então colocou o rosto de Maria Magdalena entre as mãos e aspirou o perfume de seus cabelos.

Naquele instante ele era o homem mais feliz desde que Adão acordou ao lado de Eva.

Porém, observando melhor, notou que o branco dos verdes olhos de sua amada estava tingido de vermelho, assim como quem vem de chorar.

Antes que perguntasse qualquer coisa, Maria Magdalena falou: "Não queria partir sem dizer adeus."

"Partir? Para onde?"

"Para longe."

"De mim?"

"De tudo."

"Por quê?"

"Porque estou confusa diante das coisas que vi, ouvi e vivi."

Ao notar que sua amada queria descer da carroça, Barrabás a agarrou pelo braço:

"Mulher, não entendo o que dizes."

"Nem eu entendo mais nada. Desde tua primeira morte, andei por vários caminhos e ainda me sinto perdida. Comi serpentes com Ofídias, andei nua ao lado de Teúdas e vi meu rosto no espelho de Mitilene; nadei na tina de Naás e adorei o membro de Roboão; ouvi as palavras do profeta galileu e te vi ressuscitar dentre os mortos. Qual é, entre tantas verdades, a verdadeira verdade?"

Como Barrabás nada respondesse, Maria Magdalena desceu ao chão e saiu abrindo caminho no meio das pessoas.

Ali, sozinho sobre a carroça, ele estava como que suspenso do mundo. Sua imaginação o levou de volta ao instante em que, na gruta de Atronges, Maria Magdalena matara o escorpião, salvando-lhe a vida. Depois, como que numa corrida de quadrigas, outros momentos do passado começaram a se atropelar, um tomando a frente do outro. Assim ele relembrou a tarde em que se tornavam homem e mulher, a ocasião em que quase foram apedrejados, o sorriso que lhe lançou quando voltou da caverna dos chacais, os sonhos que teve com ela na prisão de Macaeros, a noite em que dormiram abraçados na planície de Hasor, o dia em que ia matá-la, as várias vezes em que brincaram de esconder, o reencontro nas vielas de Esdrelon e as lágrimas que lhe caíam pela face quando ordenou que ela lhe serrasse ao meio.

Quando voltou a si, avistou Maria Magdalena mais longe, quase desaparecendo no horizonte.

Com todas as forças, gritou: "É isso que queres saber, qual a verdadeira verdade?"

Virando o corpo, ela bradou: "Só aí meu coração terá paz."

Rangendo os dentes, disse Barrabás: "Pois eu darei paz ao teu coração! Ao teu e aos dessa gente que me segue. Eia, vinde todos! Ajuntai-vos em redor de mim! Eu vos revelarei a verdadeira verdade."

O sermão da carroça

Quando a multidão o cercou, ele ficou um instante em silêncio, como a receber uma inspiração divina ou a tomar coragem, e depois começou a pregar assim:

"Bem-aventurados os que veem, porque distinguem o dia da noite.

"Bem-aventurados os que ouvem, porque sabem a diferença entre a música e o grunhido.

"Bem-aventurados os que andam, porque podem partir e voltar.

"E bem-aventurados os que falam, porque podem contar o que vai dentro deles."

As pessoas começaram a bater palmas, mas ele fez um gesto como se apanhasse um mosquito no ar e todas as mãos calaram ao mesmo tempo. Então continuou:

"Mas ai de vós que aqui estais, porque sois cegos, surdos, paralíticos e mudos.

"Cegos porque não enxergais o que está em frente aos vossos olhos.

"Surdos porque não escutais a voz da razão.

"Mudos porque não são vossas as vossas palavras.

"E paralíticos porque não andais com as próprias pernas.

"Enfim, sois uns mal-aventurados!"

Um murmúrio percorreu a multidão. Fizeram-se caras de espanto e indignação, mas ninguém ousou sair dali.

Barrabás mirou as gentes e perguntou:

"Quem de vós crê nos poderes do barro?"

Todo o povo levantou as mãos.

"Pois eu vos pergunto: tem o barro alguma virtude? E eu vos respondo: não! O barro é apenas barro, somente barro, nada mais do que barro. E eu, seu profeta, também não tenho nada de divino em minha natureza. Vomito quando bebo muito, de meu nariz saem gosmas verdes, meus olhos acordam com remelas e, quando como lentilhas, solto gases com estrondo. Sou um simples homem."

"Mas e os milagres?", gritou alguém.

"Não curei leprosos, não fiz andar coxos, nem devolvi a visão aos cegos. Apenas dei-lhes uns chacoalhões e lhes disse belas palavras. Eles é que se acreditaram curados ou se imaginavam doentes."

Maria Magdalena balançava a cabeça de um lado para o outro, como se quisesse espantar aquelas ideias que, feito moscas, tentavam entrar em seus ouvidos. Mas Barrabás não se calava:

"As relíquias sagradas eram tão verdadeiras como uma dracma com a efígie de Moisés."

"Mentiroso!", gritou alguém, sem explicar se o tinha por mentiroso agora ou antes.

"E, finalmente, não voltei da morte, pois nunca morri. Com o caixote certo e um anão, qualquer um pode ser cortado ao meio. Só um tolo acreditaria que um homem pode morrer e depois voltar à vida. Sim, eis tudo, meus caros: a verdade é que não há uma verdadeira verdade."

Foi tamanho o choque daquelas palavras que era como se ele estivesse diante de uma multidão de estátuas. Bocas não falavam, pés não se moviam, olhos não piscavam.

O silêncio era tanto que podia se ouvir um louva-a-deus mastigando uma folha.

No instante seguinte, uma bola de barro espatifou-se na testa de Barrabás.

Fora ela arremessada pela mão de Maria Magdalena.

Aproximando-se, ela disse assim: "Batizei-me na lama, dobrei meus joelhos diante de ti e louvei teu nome. Como agora dizes que tudo é mentira?"

Fez ele menção de responder, porém ela retomou a fala: "Quem te deu o direito de dizer que não há curas inexplicáveis nem objetos sagrados, que milagres são ilusões e que não se pode vencer a morte? Fica com tuas verdades. Eu ficarei com as minhas."

Depois, Maria Magdalena deu meia-volta e, sem olhar para trás, seguiu na direção do monte Gólgota.

Enquanto isso, a multidão apertava o cerco, primeiro dizendo impropérios em voz baixa, logo gritando-os aos berros, e depois atirando-lhe bolas de barro, paus e pedras.

Barrabás só poderia ser salvo se uma mão surgisse por entre as nuvens e o tirasse dali. Mas a mão não apareceu. E os do povo avançaram sobre ele.

E deram-lhe cusparadas, empurrões, arranhaduras, pisões, bofetadas, socos e coices.

E arrancaram-lhe fora os cabelos assim como quem depena uma galinha.

E furaram-lhe os olhos com um buril de marceneiro.

E cortaram sua língua com uma sica e a atiraram aos cães.

E enfiaram uma faca em seu ventre.

E deceparam sua cabeça.

E também arrancaram seus braços e pernas, e os cortaram em pedaços.

E sacudiram o seu tronco no ar, e por vezes sem conta o retalharam com golpes de machados, enxadas, pedaços de madeira e pedras pontiagudas.

E por fim pegaram em marretas e deram com tanta força sobre suas partes que ao cabo de um tempo não havia ali nada que lembrasse a conformação de um homem, mas apenas um caldo de sangue e humores misturado com pedaços de ossos, unhas, dentes e fios de cabelo vermelho.

Estavam os do povo a se felicitar quando se ouviu um estrondo.

Em seguida soprou uma rajada erguendo rodamoinhos do chão. A poeira lhes fustigava os olhos e entrava pelas frestas de suas túnicas.

O céu, que estava límpido, escureceu, e as alvas barrigas das nuvens se mancharam de cinza.

Das alturas, um segundo dilúvio se precipitou sobre a terra. Foi ele tão tumultuoso que as pessoas saíram a correr em busca de abrigo, deixando deserta a área onde o filho do pai pregara pela última vez. Pedras de gelo estalavam nos telhados e grossos pingos vergastavam o chão. Poças brotavam por toda parte e logo uma enxurrada descia, furiosa, rumo ao vale do Cedron. A boiar no jorro lamacento viam-se chocalhos, piões e estilingues.

A carga d'água durou toda a tarde, sem jamais arrefecer em seu furor. Apenas no começo da noite se amansou em simples chuva. E, pela madrugada, um pesaroso chuvisco ainda teimava em lavar Jerusalém.

Vinda a manhã, porém, secaram as lágrimas celestes. Nada sobrara do corpo de Barrabás. Seus restos se misturaram ao barro, destino de todo homem.

Os autores agradecem à leitura e aos conselhos de Alcir Pécora, Cecília Lopes, Francisca Dutra, Gabriella Mancini, Gisela Creni, José Carlos Marques, Márcia Pimenta e Renata Teles.

Copyright ©2009 by Padaria de Textos Ltda.

Todos os direitos desta edição reservados à
Editora Objetiva Ltda.
Rua Cosme Velho, 103
Rio de Janeiro — RJ — Cep: 22241-090
Tel.: (21) 2199-7824 — Fax: (21) 2199-7825
www.objetiva.com.br

Capa
Rodrigo Rodrigues

Ilustrações
Paulo Brabo

Revisão
Ana Julia Cury
Ana Grillo
Lilia Zanetti
Joana Milli

Editoração eletrônica
Abreu's System

CIP-BRASIL. CATALOGAÇÃO-NA-FONTE
SINDICATO NACIONAL DOS EDITORES DE LIVROS, RJ.
T636e

    Torero, José Roberto
       O evangelho de Barrabás / José Roberto Torero e Marcus Aurelius Pimenta. - Rio
    de Janeiro : Objetiva, 2010.

    222p.   ISBN 978-85-390-0102-6

      1. Bíblia. N.T. - História de fatos bíblicos - Ficção. 2. Bíblia - Humor. 3. Barrabás
    (Personagem bíblico) - Ficção. 4. Ficção brasileira. I. Pimenta, Marcus Aurelius. II.
    Título.

10-0766   CDD: 869.93
                          CDU: 821.134.3(81)-3

Conheça mais sobre nossos livros e autores no site
www.objetiva.com.br

Disque-Objetiva: (21) 2233-1388

Este livro foi impresso na
LIS GRÁFICA E EDITORA LTDA.
Rua Felício Antônio Alves, 370 – Bonsucesso
CEP 07175-450 – Guarulhos – SP
Fone: (11) 3382-0777 – Fax: (11) 3382-0778
lisgrafica@lisgrafica.com.br – www.lisgrafica.com.br